思想觀念的帶動者

文化現象的觀察者

本土經驗的整理者

生命故事的關懷者

心靈工坊 |PsyGarden|

Holistic

探索身體，追求智性，呼喊靈性
攀向更高遠的意義與價值
是幸福，是恩典，更是內在心靈的基本需求
企求穿越回歸眞我的旅程

當下覺醒

Wake Up Now: A Guide to the Journey of Spiritual Awakening

作者：史蒂芬・鮑地安（Stephan Bodian）
譯者：易之新

名家推薦

本書是我讀過的書中，關於靈性覺醒最簡明扼要的指南，既深刻又實用，引導讀者穿越覺醒的錯綜複雜，這原本是只有少數人可以自行走過的路。本書為真誠的靈性追尋者提供罕見而令人欣慰的清晰與慈悲。

——阿迪亞向提（Adyashanti），著有《覺醒衝擊》（*The Impact of Awakening*）與《空性之舞》（*Emptiness Dancing*）

許多書籍都談論靈性覺醒，但《當下覺醒》開創嶄新的局面，為覺醒的整個歷程提出詳細的地圖。這本智慧之書深刻且容易理解，完全沒有專業術語，能引導你一步一步走上回家的直接道路，回到你光芒四射的自然狀態，你最深處的真我。

——瑟亞．達斯喇嘛（Lama Surya Das），著有《喚醒內在佛陀》（*Awakening the Buddha Within*）

不二智慧的介紹是高度的藝術，既需要精準而有說服力的語言運用，又需要深入了解矛盾弔詭的人生，史蒂芬．鮑地安在《當下覺醒》中，不但能掌握這種雙重的挑戰，更為有幸閱讀此書的讀者打開大門，進入當下此刻真實而難以言喻的可能性。

——**史提芬．寇普，克理帕魯卓越生活學院院長**（Stephen Cope, director of the Kripalu Institue for Extraordinary Living），著有《瑜伽與真我的追尋》（*Yoga and the Quest for the True Self*）

史蒂芬．鮑地安精彩地展示開悟並不是需要去獲得的狀態，而是我們內在的狀況，是已經存在的，只是等待我們的認識。所有真誠渴望直接面對絕對真理，並想活出覺醒生活的人，都必須一讀本書。

——**理查．密勒博士，瑜伽治療國際協會共同創辦人**（Richard Miller, Ph. D., cofounder of the International Association of Yoga Therapy），著有《瑜伽眠：瑜伽的核心》（*Yoga Nidra: The Meditative Heart of Yoga*）

寫給意識，
萬有的靜默源頭與本體。

也寫給你，親愛的讀者：
願本書照亮你的覺醒之旅。

目次

致謝

不用說，這種書必然是無數洞識與經驗的匯聚出來的成果，且大部分是許多人親切的支持與慈悲的同在而促成或啟發的。從本書舖陳訴說的文字來看，寫書的人顯然只是工具，為更廣大普遍的真理運動代言。

首先，我要向許多朋友和同事表達由衷的感謝，因為我們多年來共享愛與智慧；還有我的學生與案主，他們不斷提出疑問，促使我澄清說明；以及我的摯友兼道親約翰．普蘭德賈斯特（John Prendergast），他仔細閱讀我的手稿，並提供無價的建議與回饋。

我還要感謝促成本書出版的人：我的經紀人比爾．葛雷德史東（Bill Gladstone），他從最早的提案就全力以赴，並為它找到美好的歸宿；還有麥格羅希爾出版公司的諸位編輯，道格．柯寇朗（Doug Corcoran）和莎拉．斐爾茲（Sarah Pelz），他們對出版過程的每一步驟都全力支持。

最後，我要向諸位老師致上深深的謝意，沒有他們的奉獻與慈悲，本書永遠無法完成，他們包括：鈴木俊隆（Shunryu Suzuki）禪師、乙川弘文（Kobun Chino Otogawa）禪師、前角博雄（Taizan Maezumi）禪師、措尼（Tsoknyi）仁波切，特別是金恩·克蘭（Jean Klein）與阿迪亞向堤（Adyashanti）。我對他們的寬宏，以及對真理的承諾，獻上無盡的感激。

導言

無路之路的旅程指南

立即從受苦和分裂的夢中醒來，進入真實本性的光輝與喜悅。

我寫本書的動機，就像許多其他靈性指南的作者一樣，是出於自身靈性旅程體驗到的複雜與困惑。多年來，我在好幾種古老傳承的學習和修行中，接受了許多指導，但在航行的路途中，遇見各種開啟、微光、障礙和挑戰時，卻往往發現自己仍獨自流浪於未知的領域。

我在禪宗出家修行超過十年，禪宗認為向真我（true self，或稱為「佛性」）覺醒，是靈性道路難以用言語說明的目標，是我們長久打坐、面壁、觀呼吸，或與千百個公案謎題搏鬥的理由。但這種覺醒（或稱為「見性」）的本質，卻很少見到詳細的解釋或描述。其實這種描述是被刻意避免的，以防止我們根據聽聞的內容，編造出虛假、模仿的覺醒經驗。我們被鼓勵去閱讀古代大師開悟經驗的故事，發現覺醒通常是由意外的事件促成的，比如石頭打到竹子或老師突然棒喝，覺醒必然是瞬間發生而全然完整的，但修行人體悟的覺醒本質被刻意用隱晦、詩意的語言來描述，以避免初學者做出不成熟的解讀。因此，我雖然常常請禪師評估我的進展，印證所有真實的洞見，但在邁向開悟的路上，我仍覺得自己是蹣跚獨行。

在這個制度下修行十年後，我脫下袈裟，離開禪寺，因為我斷定自己一點也沒有更接近我渴望追求的體悟；老師們的建議基本上就是更久的禪修和「更努力的打坐」，這已不再引起我的共鳴，也在實修中被證明是徒勞無益的。我當然有過一些閃現的靈光，體驗到人生的活動和喧囂之下存在的深邃寂靜與靜默，那些是短暫的片刻，有一次出現在騎機車時，還有一次是坐在山溪旁，在永恆當下的明光中，時間好像靜止了。有一次，在這種經驗之後，長久的焦慮感得以解除，持續了數個星期。但我知道自己並沒有達到山巔，我的評估也得到禪學老師的附和。這位老師常常印證我對公案的體會，但有時會停頓一下，從老花眼鏡上頭凝視我，關愛地說：「還不夠清楚。」

接下來幾年，我涉獵其他形式的佛教修行，包括內觀和西藏密宗，然後巧遇一位印度教不二論吠檀多的大師〔譯註〕，他並沒有鼓勵學生透過禪修得到開悟（這是我原本習慣的做法），而是教導我們一直具有已經覺醒的真實本質，這是我們與生俱來的權利，是我們天生的情況，是我們的自然狀態，我們不用努力或奮鬥，只需要在某一刻認識這個真理。我在這麼多年如此努力奮鬥之後，發現他說的話對我真是一大解脫，其實這些話呼應了早期禪學大師的教導，是我們非常熟悉的，這些大師在佛教傳承受到極度的尊敬，只是很少有人在實修

〔譯註〕Advaita Vedanta，意思是吠檀多教派中主張不二論的支派。

中遵循。

我在這位老師的指導下，對自己到底是誰的鮮活真理，得到深刻無誤的覺醒。但覺醒並不像我期待的那樣徹底而不再回頭，我持續數天發現自己在浩瀚的寬廣、平靜與難以承受、近乎恐慌的害怕之間擺盪。我覺得底部好像脫離了雖不滿意卻很熟悉的生活，沒有立足之處，這種無根的感覺是既興奮又恐怖的經驗。

一段時間後，覺醒的經驗逐漸退入覺察的背景，但每當它再次顯明時，我會重新湧現焦慮感。我知道自己經歷了真實、深刻、改變人生的認識，這是所有表相背後的實相，但我不知道自己為什麼仍常常如此害怕。我做錯了什麼嗎？我的評估錯了嗎？覺醒是不是受到誤導或不夠徹底？我跟隨這位老師的那些年中，這些疑問一直盤旋不去。這個經驗並沒有為我的追尋找到終點，只有對我的靈性成熟度，以及我的精神是否正常，注入更多懷疑。根據我閱讀的書和接受的教導，我相信真正的覺醒應該是徹底而不再回頭的，那麼我為什麼會一再忘記自己是誰，不斷落入以前對「小小自我」的認同呢？

可惜我一直無法自在地向老師提出這些疑問，也許是因為他看起來不願意討論這種心理議題，也可能是因為我想對自己的領會表現得比我的實際情形更有自信。此外，當他在場時，這類疑問必然會脫落，我的恐懼會消散，腦袋會安靜下來，在他體現和傳遞出來的深邃寂靜和靜默中加入他。

我終於遇見一位幫助我減輕懷疑的女子，因為她也有類似的旅程。她在一次突然爆發的覺醒中，看見獨立自我的虛幻本質，接下來持續在恐懼中度過數年，然後開啟一次更深的體悟，所有恐懼都在其中脫落。她是專業心理學家，具有連結兩個世界所必備的素養。她根據親身經驗而很有說服力和權威感地告訴我，恐懼只是在我們浩瀚的原貌中所生起的各種經驗中的一種罷了，絕不會減損覺醒的效力。這種觀點上的微妙轉變使我以新的角度重新看待恐懼，而恐懼也開始逐漸失去對我的影響力。最終，在幾年之後，也就是我的不二論大師過世十年後，我遇見為我印證並幫助我闡明和深化體悟的老師，他後來還要我教導別人。

覺醒的直接途徑

在身為靈性老師和心理治療師的歲月中，我發現自己迂迴的旅程一點也不特殊，許多人被靈性的覺醒吸引，卻很難找到教導或老師可以用他們能了解的語言直接談論他們的經驗。有些人發現覺醒的可能性，尋找可以引領他們得到覺醒經驗的明確指導，但不要宗教的術語或教條。有些人則是出乎意料地突然向實相覺醒，但缺少可以處理經驗的概念架構，或是實際經驗不符合傳統典籍的描述。他們可能對佛教或印度教（與靈性覺醒最有關聯的兩種宗教）不感興趣或缺少接觸，所以沒有得到指導的門路，無法理解自身的經驗。有些人是這些傳承中的修行者，卻發現老師本身沒有相同的經驗，無法提供協助。

例如，我有一位學生原本修習超覺靜坐（Transcendental Meditation）多年，所以預期靈性覺醒會以超覺靜坐創始人描述的「宇宙意識」的方式來表現，但她深刻的無我經驗卻比較像一場噩夢或精神崩潰，而不是幸運的宇宙事件，只因為缺少能指導她穿越經驗的老師。另一位學生曾有藏傳佛教的老師告訴他，必須耗費一生才能開悟，所以需要我協助處理他有一天在樹林散步時的身分認同感強烈轉移的經驗。

有些人的覺醒並沒有預作任何準備，甚至原本對靈性事物毫無興趣，他們無法取得傳統靈性典籍記載的準則和指示，即使得到了，也缺少可以解讀的語言或哲學背景。有些人則是長期的靈性追尋者，能無誤地辨識自己的覺醒是真實的，但長久以來追求的「覺醒」會起伏不定或逐漸消退，生活似乎變得更艱鉅混亂，而不是原本期待的穩定的平靜與喜悅，因此感到驚訝與困惑。

這本書是寫給在靈性覺醒漫長而複雜的旅程中，尋找以日常用語直接指導的人。如果你渴望覺醒，或是已經體驗初次的覺醒，那麼本書就是為你而寫。正如我的發現，覺醒不屬於某個教導或傳承，無論如何，你一旦覺醒，就跳出各種傳統架構。畢竟，如果你覺醒認識自己的真正本質，原本就一直存在你深處的本質，怎麼可能有哪個傳承或途徑可以壟斷它呢？這個珍貴的靈性本質一直屬於你，就像某個版本的浪子故事所說的，你只是發現始終藏在你口袋裡的鑽石。

事實上，不論有沒有練習禪修或某種既定的技巧，越來越多人覺醒認識自己與生俱來的靈性本質。也許因為現代的科技，透過手機、電子郵件、網站、部落格就可以把經驗分享到全球，覺醒似乎已擺脫宗教的外衣，展現出它的本質——每個人在此時此地都可得到的普遍人類經驗。不管你原來相信什麼，開悟是你與生俱來的權利，是你的自然狀態，你只需要取回它，並學習體現它。

我在本書提供一種達到開悟的直接途徑，避開傳統宗教的繁複儀式、修行和教導，比如佛教和印度教。我不會要求你宣誓效忠某種信仰或堅守既定的靈性修行方法，而是一次又一次直接指出你是誰的真理，邀請你和話語的本源共鳴，讓它喚醒你內在的它。我不會幫你建構出一套全新而更令人欣慰的信念系統，而是鼓勵你深入探索，穿透你原本抱持的各種觀念和成見，以得到隱藏其下的鮮活真理。這種靈性取向其實非常徹底，因為它直接走到所有靈性得以滋生的根部或本源，邀請你住在其中，而不是留在外部的枝葉。

然而，這個途徑絕不是「簡易版的覺醒」，不是增添靈性履歷、得到快樂經驗的快速捷徑。剛好相反，這些教導是強而有力、具破壞性的，一旦被人接受、得到深思，就能夠用意想不到、可能很不舒服的方式，轉化我們的人生。它們就像靈性的電腦病毒，有力量掃光你硬碟中的概念，載入真理的清晰與智慧。或是你較喜歡大自然的隱喻，它們就像種子，一旦種入土中，就有潛力成為綻放的花朵，擠掉庭院中原本的雜草。不管你與哪一種意象產生共鳴，都必須知道，讀這本書是要自己承擔風險的，因為你可能再也無法回到原本看待事物的老路了。

什麼是覺醒？

從最廣義的角度來看，「覺醒」只是靈性書籍使用多年的隱喻，泛指各式各樣的經驗。只要能為你開啟嶄新、未曾認識的存有面向，任何經驗都可稱為覺醒。例如，你可以喚醒性欲、身體的能量場，或是原型界的神話男女眾神。

但我在本書談的覺醒是指更深層、更根本、更具轉化力量的覺醒，是對你認為是你的這個人本然的無實體性或空性的根本認識，並在你的身分認同產生徹底的轉變，從受苦的獨立自我轉成永恆的見證者、無限的空間或根基，一切經驗都從中生起。換句話說，你從受苦和分裂的夢中醒來，進入真實本性的光輝與喜悅。這種覺醒（常被稱為開悟）不只是許多靈性經驗中的一個，而是對佛教、印度教和道家等東方靈性傳承核心的根本體悟，也是隱伏於猶太教、基督教和伊斯蘭教之下的暗流，許多神祕主義者因為提出這種看法，而受到驅逐、流放或火焚。

你覺醒時，就體悟到你以為是你的這個獨立的人，只是一種建構，一種心智編造的產物：許多思緒、感受、記憶、信念和故事的集合，被心智編織在一起，成為表面上具有實體、連續不斷、擁有某些持久性質和特徵的某個人。當你能脫離獨立自我的認同時，覺醒會釋放你，解開你這個名字累積一生所背負的重擔和掛慮、煩惱和懊悔、限制和成見。但這個建構非常頑強，它通常會花很長時間努力保有控制權，然後才可能放棄。

畢竟，如果你像大多數人一樣，就會把一生奉獻於強化、發展、改善、提升這個表面上獨立的某個人，以贏得愛、成功、進步，最終得到更多幸福和滿足，所以你不會輕易放棄它。此外，你的家人、朋友、師長和同事也會助長你的身分認同感，因為他們也同樣投入自身具有獨立個人特質的夢境。結果，你的一生相信自己只是夢中一個有限的角色，可能永遠不了解還有不同的選擇、另一種體驗自己的方式：你可以從夢中覺醒，發現你就是做夢人、觀察者、夢本身的源頭。

然後，有一天，你在不經意中瞥見傳統現實帷幕後面的奧祕視野，你一直不知道它的存在。也許是你正開車經過熟悉的街道時，時間好似靜止下來，商店和人群失去平常的堅實感，變得有如投射在螢幕上的影像。或是你在大自然散步，突然感覺到花朵和樹木後面的深層能量或光輝。或是你躺在床上，身體的界限消融，擴展到涵蓋整個宇宙。這種引人深思的經驗雖然不是覺醒本身，但能為你打開可能性，以嶄新的方式看待人生，促使你尋找隱伏在日常生活之夢背後未被認識的更深真理。

另一種情形是透過閱讀開悟大師和聖哲的書，把你引進覺醒的可能。這些人直接指出超越夢境的更大實相，深情鼓勵你加入他們，進入他們在那裡發現的平靜與喜悅。他們一再複述：「你不是自己想像的那個人，你不是這個有限的物質身體，也不是這個執迷、煩惱的心智，而是無限的空間、無條件的當下、生命本身核心的要素與精神。快快醒來，體悟它！」你不需要飛去印度或閱讀大量書籍，就能點燃發現這個真理的渴望。即使只是一句話或一次教導，就可能擄獲你的注意，不放你走，逐漸挑戰、瓦解你的有限觀點。

你甚至可能有一次全然的覺醒，你身分認同的位置從身體、心智和人格轉移到永恆的見證者、無限的空間。然後呢？如果這個經驗開始消退，或是受到強烈的感受或老舊的模式介入干擾，你該怎麼辦？你如何了解這個經驗？你能怎麼樣與它連結，以滋養它、深化它？

不論你是怎麼受到覺醒的伏擊或誘惑，你已偶然踏入一條原本隱而未現的道路，在你之前，已有無數人在這條路上行進，現在也到處都有同類的靈魂繼續在其上旅行。它其實是一條沒有道路的道路，因為它對每一位追尋者都是獨特的，會隨著旅程的展開而不斷變化。從更本質的角度來看，它其實根本不是道路，因為並沒有去任何地方，也沒有要發現任何東西，所有你需要知道和存在的就是此時此地：其實你就是此時此地。但是，在你完全了解這些話的真理之前，你已展開一條緩慢曲折、最終帶你回家的旅程。這是覺醒的旅程，是釋放自己脫離分裂之夢、醒來看見自己到底是誰的旅程。你一旦覺醒，就會留在其中，讓覺醒指引你、轉化你。我希望本書成為你回家旅程的指南，成為無路之路的地圖。

你向什麼覺醒？

一旦你識破獨立自我的虛幻本質，就會發現真正活出這個生命、透過雙眼向外觀看、思索各種想法、揮動手腳的，並不是人格（人格只是無生命的建構），而是存有本身，這是無法以雙手或頭腦來定位或理解的，但能直接憑直覺知道或感知。換句話說，你可以確切知道你是什麼，但可能無法描述自己如何知道。

許多術語被拿來描述存有：精神、靈魂、真我、佛性、內在神性，就好像在空無一物的空間貼上許多標籤，但純淨的存有是不受標籤約束的，因為它本身是沒有特徵的，它是所有特徵的永遠在場的見證者，它是不變的空間，所有經驗在其中來來去去，它是所有活動背後不動的行動者，它是萬事萬物的無限源頭。

你可以聽見、看見、聞到、嚐到、觸摸、感受和思考的每一件事，也就是具有性質或特徵的每一件事，都是一種經驗，是你觀察的對象，所以不可能是體驗或觀察的你。問題是，這個你、這個我是誰或是什麼？即使是你原本認為是你自己的我、自我形像、人格，也只是各種特徵的集合，不可能是經驗者。靈性覺醒的意思就是醒來成為經驗者、見證者、純淨的存有本身、永恆覺察的那一位。

語言文字不可能涵蓋存有的浩瀚或標明存有的奧祕，但可以做為方便的指示，就像指著月亮的手指並不是月亮。本書從頭到尾使用的用語和詞組，比如非關個人的見證者、終極主體、超越時間的當下，並不是要為你的靈性百科全書增添更多概念，它們的目的是使你概念化的心智短路，指向你裡面超越心智的地方，這個地方早已知道我所說的，且能認識這些真理，與之共鳴。如果這些話產生作用，你放下本書時所知道的，會少於拿起這本書的時候，但更接近真正、非概念的認識。

覺醒的階段

向純淨的存有或非關個人的見證者覺醒，這種經驗不論多麼強烈，都只是靈性展現之旅的開端，這段旅程往往要走很久。覺醒就像意識的地震，會移動你心靈的地殼板塊，把震波傳送到生命的每一個角落，在你的存有核心啟動深刻的轉化。一段時間之後，覺醒會深化和擴展，你越來越清楚自己到底是誰。你更為清楚時，也會感受到生活與你的體悟調合的自然傾向。最後，覺醒的真理會成為生活中主要的觀點與力量，取代原本指示你行事為人的舊有信念和故事。

對某些人而言，這個轉化過程非常緩慢，幾乎在不知不覺中發生，好像在霧中行走時，身體逐漸變濕一樣。有些人的經歷卻有如海嘯在怒吼中吞噬大地上的生物，摧毀一切。不論你是在旅程中漫步，或是覺得你的世界分崩離析，旅程的指南都會對你有所助益。指南會勾勒出無路之路的各個階段，並保證你確實走上正軌。

根據我自己的經驗，以及多年來許多學生和案主的經驗，我把覺醒的過程劃分成五個互相重疊的階段：尋找、覺醒、深化與闡明、體現，以及活出覺醒的生活。這些階段呼應禪宗和藏傳佛教的傳統次第，本書會以大量篇幅探討各個階段，但這些階段的順序並不是可以嚴格劃分的，許多人在旅程的過程會跳過某個階段。其實每一個人的靈性軌道都是獨特的，沒有任何地圖可以為每一個人繪製精確的地形。最終，你就是道路，道路的開始和結束都是你。地圖只是試圖使頭腦平靜，放鬆下來，好讓過程得以展現。不要對地圖太認真，甚至不要對本書的任何內容太過認真。如果你找到某些洞見，有助於你消除疑慮或指引方向，就輕輕握住它；如果它使你懷疑自己或對可能性感到害怕，就先忘掉它，你可以在日後覺得受它吸引時，再取用它。

以下先簡短介紹我將在本書描述的各個階段：

- **尋找（第一到五章）**：不論動機是出於痛苦、奉獻，或只是好奇，你偶然遇見覺醒的可能性，開始用各種方法尋找它，想親眼瞥見它。在這個階段，你可能學習靜坐，練習自我詢問，仔細檢視多年累積的各種靈性信念，這些信念可能遮蔽你與生俱來的覺醒。即使在你初次覺醒之後，如果覺得自己的覺醒不夠清楚或完整，仍可能繼續尋找。
- **覺醒（第六章）**：在真誠、直接、非概念的覺醒之後，尋找結束了，你已發現自己一直在尋找什麼，知道你是誰，認識你的本來面目，並發現真實本質的無價珍寶。
- **深化與闡明（第七章）**：大多數人的覺醒會持續展開和闡明，就好像你從遠方認出一張熟悉的面孔，但要等你更靠近時，才逐漸看清重要的細節。你是意識之光、純淨的覺察、非關個人的見證者的認識也會逐漸加深，特別是在你體認見證者與被見證者、觀察者與被觀察物、主體和客體、你和你經驗的對象，其實是一體不分的時候。進一步來說，它們都是某種更深實相或奧祕的表現形式，一切事物都由這個實相或奧祕所活化、包含和生起。

● **體現（第八、九章）**：即使你可能堅定不移地確知自己是誰，這個體悟仍需要從你的頭腦和心向下滲透到較低的能量中心。當你獨自靜坐時，也許體驗到自己與萬事萬物的合一，享受永恆當下的極樂，但可能無法把你的重要本質同樣體現在工作中、你的親密關係裡，或是你與家人和朋友的相處上。換句話說，你可能做不到你所說的。你越體現你所知道的自己，你的每一個行動就越會成為真理的光輝展現。

● **活出覺醒的生活（第十章）**：一旦你的覺醒得到深化與闡明，並能指引生活的每一刻，你的行為就會自然而然與你最深的真理調合一致。看見自我本然的空無，以及自己與他人之間不可分割的本質，你就不再覺得需要根據狹小的自我利益行事為人，而是遵循生命本身的流動，行事為人與整體的動向一致，這個整體就是「道」。

如何閱讀本書

如果這些階段對目前的你沒有什麼意義，不用擔心，因為我把長達一生的洞見和體悟濃縮成短短幾頁，本書剩下的部分都用來探討、闡述、深入同樣的基本原則。事實上，我會一再重複相同的真理，使它們逐漸繞過你的頭腦，喚醒你自身內在的知道，因為在你裡面較深的層面早已知道你是誰。

為了維持這些教導的喚醒作用，你可以嘗試用新的方式閱讀和傾聽，也就是不用頭腦，而用你的整個存有。就好像你傾聽優美的音樂，不論是莫札特的奏鳴曲或瑪丹娜的流行曲，你會張開雙耳，讓音樂從內心深處感動你、影響你，你可以用相同的態度閱讀本書。不要嘗試去理解它，不要和你讀過的其他書籍做比較，也不要用一大堆既有的觀念過濾它。只要放鬆你的身體，放下你的評斷，讓這些話語影響你，它們帶著其源頭的能量與音樂，讓它們在你裡面共鳴。

覺醒不是透過努力或意志而發生的，而是藉由我的老師金恩．克蘭常說的「disponible」達到真理，這個法文字的意思是「可取用的」或「能容納的」。你做得越少越好，不需要在概念層面理解我說的話。一段時間之後，教導會在日常生活不經意的時刻，一再自動出現，也許是照亮一個特殊的情境或挑戰，或只是闡明真理的另一個面向。事實是，覺醒的過程一旦開始，就會發展出自己的動力，不需要你的努力，真理自然渴望透過你來喚醒它。最後，經過一再地傾聽，真理會自發地湧向你內在的生命，你將體認它一直屬於你，它一直是你存有的根本真理，只是以前隱而未現。

為了促使你接納和運用真理，我在每一章都附上一些冥想的指導。「呼吸與體會」的練習是間歇出現的，可以提供暫停下來的機會，讓你分析的頭腦放鬆一下，深入體會你讀到的真理。每一章最後的「覺醒的呼喚」是較長的冥想，試圖繞過頭腦，讓你瞥見文字背後更深的真理。運用這些練習時，不要當成每天的例行公事，也不要當成必須完成的功課，而是像去未知的領域突襲，到實驗室試驗可能性，以揭露某些全新、啟明的洞見。當你覺得想要時才做練習，用初學者的心單純地跟隨指示，並注意這些練習會如何影響你。

最後，從長遠的角度來看，我在本書所說的，沒有一句是真的，它只是權宜的方法、指示的工具，使你的注意力向內轉到所有教導的源頭。由於真理必然是不二的，且涵蓋一切事物，絕無例外，所以我主張的每一件事都是既真又假，也既不真又不假。例如，我若說你存有的真理是深刻的靜默，我可能喚醒你裡面的靜默，卻忽略真理終究也涵蓋喧囂的事實；若我說它是「寂靜」，就忽略真理在展現時的動態流動、生命完滿面的匆忙與迫切；若我說「喜悅」，就遺漏人生處境的悲傷；若我稱它為「珍寶」，就忽略了閃耀存有光輝的路邊所堆積的垃圾。因此，本書從頭到尾提出的教導都充滿矛盾，其實矛盾正是唯一以敬意來接近真理的方式，這是真理應得的敬意。再次強調，不要試圖解答或理解這些矛盾，讓它們繞過你的頭腦，作用在你的整個存有。就如美國哲人兼詩人惠特曼（Walt Whitman）所說的：「我是否自相矛盾？完全正確，我自相矛盾。我很大，我容納一切種種。」

第一章

進入無門之門

此時復何求？
寂滅現前故。
處處皆淨土，
此身即是佛。

——白隱禪師《坐禪和讚》
（Zen Master Hakuin, "*The Song of Zazen*"）

我年滿十六歲前幾個月，母親突然車禍去世。我努力適應這個令人心痛的失落時，發現自己也失去了某件同樣珍貴的東西：我對慈愛全知之神的信仰。從孩童時期開始，祂原本一直指引我、照顧我。我原本充滿歸屬感和意義感的世界，在那短短幾週完全瓦解。我面對喪親的哀慟，卻缺少支持的力量，沒有人協助我處理我的感受，所以我轉向哲學世界，以處理我的痛苦。

在美國超驗主義哲學家中，我發現他們暗示有更神祕、非個人化的神聖，充滿萬事萬物，為之賦予生命，又超越其上。我從愛默生（Ralph Waldo Emerson）和梭羅（Henry David Thoreau）走向德國觀念論哲學家，如康德（Immanuel Kant）和叔本華（Arthur Schopenhauer），他們挑戰我認識究竟真實的傳統方式，指出先於思想的一種基本原則。我知道這些哲學家受到亞洲智慧的影響後，立刻走到佛學與禪學的門口。

在那個年代，佛學書籍非常稀少，而且往往很難讀懂。但我找到的少許禪學書籍中，我看見一些大師的形像，他們鎮定地坐著，即使周圍發生地震或武士威脅砍頭，也不受到干擾。我因為艱困童年的痛苦和對母愛的渴望而感到困擾，非常希望超越我的痛苦，擁有這些大師顯然已得到的堅定不移的穩定感和平等心。經過幾年的研讀，包括大學的亞洲哲學課程，以及體驗改變心智的藥物，我最後在電話簿查詢「禪」，開始每週挑一個傍晚到曼哈頓市區的禪學中心打坐和聽人講道。

走上無路之路

一個特別溫暖的夏日黃昏，禪堂充滿日本薰香的刺鼻氣味，一位禪師的資深弟子，大約是我母親年紀的婦女，對我說了一句話，點燃深藏在我裡面的熱火，使我啟程走上無路之路。她輕柔地說：「坐禪是帶你回家的路，回到你失去已久的家。」我是無家可歸的大學生，內心也沒有穩定的核心感，我被這些話深深打動，渴望找到真正的家，我知道那是永遠也不會失去的家。

三十多年前的那一刻，我首度面對靈性旅程核心的主要矛盾。根據我閱讀的書籍和接受的教導，我如此熱烈尋找的家就存在此時此地，在我裡面。畢竟，家並不是什麼奇特陌生的伊甸園，而是我生來歸屬的地方，是與生俱來的權利，是我的自然狀態，也是早已從我裡面照耀出來的覺醒本質。如今卻有人告訴我，坐禪是到那裡的路，即使顯然沒有要去任何地方。我的腦袋就是無法接受這個矛盾，於是採取最單純的方法，把注意力從尋找家轉移到數呼吸。

許多年後，當我終於回到家，再也不離開時，我才了解自己不曾離開家，連一秒也沒有離開過。就如我有一位老師喜歡這麼說，它是最接近你的地方，你的家園，它是從雙眼向外凝視、產生各種思緒、擺動雙手雙腳的靜默當下。不是你認為自己所是的「我」，而是你真正是的那一位：所有對象的主體，奧祕、無法理解的主體，先於所有特徵的「我是」。我真正的家顯然像呼吸本身一樣近，即使我的老師一直指著它（就如我現在所做的），但不知怎麼地，我卻完全看不到它。結果，我尋找了二十幾年，長時間打坐，聽了無數教導，閱讀數不盡的書籍，卻沒有發現自己一直在那裡。

在我們內心最深處，豈不都渴望回家？不是兒時的家，而是我們覺得可以完全自由成為自己的地方，一個全然滿足、放鬆、自在的地方。你也許不曾在世俗層面體驗過這種家，但可能偶而瞥見其可能性。當你在海灘漫步、聆聽音樂，或緊緊靠在情人的臂彎時，也許遇過這種暗示：閃過片刻難以描述的平靜與愛，時間好像停止下來，空間完全敞開，而你遇見某種難以描述的神聖與深邃事物。可是，這類經驗必然時有時無，而你也可能不得不相信自己無法一次又一次地常常體驗到這種平靜感。或是，你可能被偶然的經驗吸引，而耗費數年，想透過靈性教導和修行，重新體驗它。

我們從未離開家，卻又必須重新找到家，世界各地的靈性傳承都以浪子的寓言表達這個關於家的矛盾。浪子離開父親的家，流浪尋找遠方的財寶，忘記自己是誰，多年後偶然經過家門，被父親發現，歡迎他回來，給他原本就要給他的繼承權和與生俱來的權利。有一個版本說他找到藏寶圖，引領他回家，找到埋在壁爐下的珠寶。另一個版本則是浪子成為窮人，找到一直藏在口袋裡的珍貴鑽石。

寓言的各種版本都承認靈性旅程的奧祕：沒有要去任何地方，但離開往往是不可避免的，因為會使我們耗盡，使我們謙卑，使我們做好準備，以原本無法體驗的感恩與謝意接受寶物。我們向外尋找答案，卻得到一次又一次的虛空，藉此發現自己什麼都

呼吸與體會

閉上眼睛，想像你住在自己真正的家中，不論你覺得那是什麼地方。花一點時間，用你所有的感官體驗這個家，包括影像、聲音、味道。你有什麼感受？你在哪裡感受到它？家這個字引發的感受和影像，是否有任何令你驚訝的地方？

不是：快樂的經驗、有形的財產、靈性的成就、極樂的心理狀態，每一件事都會來來去去，我們因此能更開放地認識自己的原貌、真實本性中無法摧毀的珍寶。耶穌說這是不會朽壞的。

遇見無門之門

在不同的傳承中，這個尋找與發現的矛盾有不同的外衣。禪宗通常稱它為「無門關」，除非你破解、穿越這個矛盾的組合，否則無法完全了解偉大禪學教導的意義。但在這個難以理解、無法穿透的障礙前，所有頭腦的努力都必然是徒勞無益的。你必須把你的整個存有帶進過程，而不是只用頭腦，才能讓這個矛盾從裡面轉化你。許多禪宗公案以某種說法呈現這個矛盾，使頭腦迷惘，然後從另一個層面的認識引發答案。

請想一想釋伽牟尼佛的一段名言：「眾生早已開悟，但因為他們的執著和扭曲的觀點，而無法體悟這個事實。」〔譯註一〕我仍記得自己初次聽見這段話時，它是如何使我的腦袋短路，我沉思著：「如果我們不能體認它，怎麼能說我們

〔譯註一〕語出《華嚴經》，原文為「一切眾生具有如來智慧德相，但以妄想執著，而不證得。」

已開悟呢？但如果我們真的已開悟了，為什麼無法體認它呢？」

身為新手修行人，我那時了解這些話的意思是，我的內心深處具有這個已開悟的本質，我需要去發現它，而坐禪是用來找到它的挖掘工具。我持續數年一直挖掘，密集禪修，冥想公案，倒空我的腦袋以留出空間給覺醒之流。我在這個古老的探索之路被老師鞭策，老師會在私下的會談鼓勵學生，施加極大的影響力，為快速通過公案的人提供印證。但到了最後，我在挖掘中筋疲力竭，於是丟掉鐵鏟（以及僧袍），回去過較平常的生活，但這個矛盾仍繼續在內心默默地啃噬我。

事實是，一旦你被核心的矛盾抓住，認識公認的日常現實只是某種更深真理的倒影，知道這個真理近在眼前，卻又隱而未現，這時，不論你看起來偏離了多遠，其實已開始了一場永遠無法放棄的追尋。禪學大師說，遇見矛盾就像吞嚥炙熱的鐵球，既吐不出來，也吞不下去，除非你消化它，否則永遠無法完全平靜下來。

多少世紀以來，熱烈追求的禪學生長時間禪修，努力解決這個矛盾，想要回家，找到他們的「本來面目」。在臨濟宗傳統中，修行者努力穿越這道門時，會長達數小時發出Mu（無）的聲音（這是最重要公案之一裡的關鍵字）。傳統故事充滿著名的例子，他們把修行推到最大的極限，比如在雪地站立數小時，在斷崖邊打坐，徒步尋找一位又一位的師父。我的第一位禪學老師常說：「禪寺是為極度渴望的人而設的。」他是指那些因受苦、急迫、渴望驅使，而踏上漫長又往往寂寞的追尋的人。

幾百年前，波斯神祕詩人魯米（Rumi）描述自身神聖的渴望時，寫下這些話：

我一直活在
瘋狂的邊緣，渴望知道原因，
不斷敲門。門開了。
我一直從裡面敲門！

從這首詩來判斷，魯米努力了很久，想用頭腦穿透矛盾，但門終於自己打開，幾乎完全與他的努力無關，並呈現他其實一直住在祕密的房間裡。魯米發現自己一直從裡面向外尋求，這個頓悟反映出追尋者竭盡心力想解開矛盾，筋疲力竭跌落地上，卻發現即使在最絕望的時刻，自己也不曾離開家時的驚訝、輕鬆和喜悅。道元禪師說：「一切眾生都不曾離開自身的完整，不論它站在何處，都不致於無法覆蓋大地。」〔譯註二〕

不用說，這種解開密碼、呈現實相核心真理的強烈渴望，就和人類本身一樣古老而普遍，甚至可說它就在我們的DNA裡面。根據蘇菲教派的說法，神告訴先知穆罕默德：「我是隱祕的寶藏，我想被認識。」神在祂被愛、被體驗的渴望中，啟動一種進化的模式，這個模式在人類的靈性覺醒能力中達到顛峰。換句話說，神或真理所追求的是透過你而意識到祂，透過你的眼睛在每一個地方看見祂，透過你的嘴唇在每一個地方品嚐祂。一位匿名的哲人說：「你所尋找的，一直在尋找你。」

你的每一個欲望，對物質、關係、事業成功、性欲滿足的欲望，其實終究是渴望你在得到所欲對象時，體驗到的短暫片刻的平靜。當然了，這種有條件的平靜是轉瞬即逝的，於是你會不安地轉向新的對象、新的欲望，想要重新抓住它。直到你認識自己到底是誰，認識脫離欲望而有的自由（這是每一個欲望的真正目標），你才可能體認永遠不受干擾也不會逝去的平靜。

〔譯註二〕語出《涅槃經》，原文為「一切眾生，悉有佛性；如來常住，無有變異。」

逃離牢房

雖然有許多人好像經過多年的「努力」和奮鬥，才重新發現自己與生俱來的覺醒本質，但也有人好像是偶然遇見的，並沒有經過密集禪修或深入探索。我有一位朋友在公共汽車上突然體悟自我的空無。另一位朋友只詢問一次「我是誰？」這個問題，就穿透獨立自我的幻相。還有一位是在某天早上醒來，就失去原本習慣的自我認同感，好像純淨的覺察傳遍身體，透過她的感官體驗生活。但如果你像魯米的話，就需要在敲門中耗盡自己。

有個傳統故事談到一個人因冤獄坐牢，他企圖用湯匙挖出逃離的路，有點像提姆．羅賓斯（Tim Robbins）在電影「刺激1995」（The Shawbank Redemption）中扮演的角色。經過多年筋疲力竭的努力，雙手長繭而滲血，他終於了解一切都是徒勞無益。挫折、絕望的淚水潸然流下，他頹然靠著牢房的門，這才發現房門一直沒有上鎖，他的驚訝和解脫就像魯米一樣。雖然這不像真實故事，但故事的重點很清楚：你以為囚禁著你的牢房，其實並不存在。

事實上，就如我的老師金恩．克蘭所說的，用盡每一種方法想逃離牢房的人，本身就是牢房。這個說法直接指出我們被囚禁的來源：認為自己被囚禁的心智！你是否能直接看到牢房的來源，並在這個看見中脫離它的支配，或是需要不斷敲打門閂而耗盡自己，主要是根據你的業，而不是你的意圖。即使是那些試圖直接走到源頭的人，也可能突然發現自己困惑而迷惘，再度站在門外。偉大的印度聖人拉瑪納．馬哈希（Ramana Maharshi）說：「徹底開悟的唯一障礙，就是我還沒有開悟的想法。」但要擺脫這個麻煩的想法，可能是終身的功課。

開啟的祕密

包括不二論吠檀多在內的某些靈性傳承，把這個核心的矛盾稱為「開啟的祕密」：存有的真理一直不曾隱藏而看不見，其實它就像你臉上的鼻子一樣清楚，但它仍是祕密，因為你不知道如何看它、在哪裡看它，而老師的職責就是為你指出正確的方向。並不是勸你以密集修行衝撞障礙或破解密碼，而是指引你聆聽教導，讓它們溫和地向你指出正確方向，然後在某個時刻，祕密就會自己向你展現。

當你向前看時，其實看不到自己臉上的鼻子，如果想看見它，你必須以特別的方式調整眼睛。你習慣把焦點放在外在的對象，卻很少轉去看觀看者，就是所有觀看的源頭。聖哲說：「眼睛看不到眼睛」，因為它是你觀看的媒介，但你可以用較微妙、間接的方法知道眼睛，透過直接而超越時間、繞過頭腦的認識，感知觀看的源頭。

這個過程有點像觀看圖形與背景很難區分的圖形，你好奇地凝視圖形，也許有一點困惑，直到突然發現你一直注視的花瓶其實也是兩張相對的臉孔；一旦你看出兩張臉孔，就會奇怪自己先前怎麼一直看不出來。或是像趕赴一場重要約會前，在房間裡翻箱倒櫃，發狂地尋找鑰匙，結果發現鑰匙一直在皮包裡。或是更尷尬地，像你到處尋找眼鏡，直到有人指出眼鏡已經掛在你頭上。你說：「啊，在這裡，我就知道它在某個地方。」認識是直接而相當平凡的，就像開門走進你家一樣。

絕對真理與相對真理

在開啟的祕密與無門之門的矛盾隱喻背後，有一個佛教和不二論吠檀多都常談到的重要哲學對比：兩種真理。在絕對或終極真理的層面，你已經開悟，已經是佛，你的原貌不需改變就已完美且完整，每一件事在每一個方向都閃現同樣本自俱足的完美。不需要加添或減少什麼，也不需要理解或改善什麼，因為沒有什麼是曾有過問題的。過去和未來，原因和結果，都不存在，只有這個超越時間的片刻、永恆的當下，並以某種奧祕而無法了解的方式不斷從中湧出實相的表現形式。在相對或慣常真理的層面，你可能無法享有佛陀狀態的平靜與滿足，因為你還不認識自己本然的完美。你閱讀各種教導，投入修行，想親自體驗終極狀態。問題會不斷生起，引起你的注意；處境需要改善；而現實（至少是指原子以上層次的現實）緊緊依循因果法則。

兩種真理是同時適用的，兩者不可分割，並不是互相排斥的，而靈性大業的目標就是同時承認與擁抱兩者。其實它們只是同一個不二實相的正反兩面，不二實相包含個人領域的思想和感受，以及超個人領域的純淨覺察；包含工作、家庭和關係的表相世界，以及萬事萬物都只是本體表現的根本世界。即使是領域、世界和層面之類的字眼，也會使人誤解它們是分裂的，其實不是。

《心經》談到形體就是空無，空無就是形體〔譯註三〕，這是我們會一再探討的表述。形體正是空無，空無正是形體。頭腦無法了解這個矛盾的真理，你只能以超越頭腦的方式直接體驗它。

以你最親近的關係為例。如果你把自己和伴侶或朋友僅僅看成兩個獨立的人格，想要學習你的人生功課，盡可能發揮成長和發展的潛力，你必然會得到某種程度的親密感，但你可能錯失更深的認識經驗，就是在個人議題的背後，你們兩人在本質上已經是一體，兩人本來就是愛。當你擁抱兩種真理，就能看見表面上獨立的兩個自我所具有的空無、光輝、如夢的性質，因而擁有自由和平等心，同時也能認識人性和脆弱是這個神聖空性選擇表現的形式，因而享受溫柔與開放。只有在絕對和相對真理、靈性與世俗層面共同存在時，才能滋生最深的親密感。

迷失與回歸

如果你連片刻也不曾離家，為什麼你看起來是迷失的，忘記自己到底是

〔譯註三〕原文為「色即是空，空即是色」。

誰，仍要努力找到回家的路呢？不管你信不信，這個古老的疑問似乎沒有令人滿意的答案。印度詩人喀比爾（Kabir）說：「一個失憶的人捧著乞討的碗，敲自己的家門。」

孩童時，我們有許多時間在一種連續不斷的開放與驚奇中，與人生表層下運轉的神奇與奧祕是協調的。許多人在童年都有閃現真實本性的經驗：感覺到慈愛的臨在正指引人生，從萬事萬物閃現出光輝，或是愛的流動使所有人合而為一。華滋華斯（William Wordsworth）在《頌歌：不朽之徵兆》（*Ode: Intimation of Immortality*）中描寫得很好：

有一段時光，草地、果園和溪流，
大地，每一個常見的景象，
對我確實像是
披著天光，
如夢般的燦爛與清新。

呼吸與體會

花一點時間想想這個矛盾，但不要試圖用頭腦理解它，而是讓你的身體與「形體就是空無，空無就是形體」這句話共鳴。注意你的身體如何回應。

但他接著感嘆，隨著年歲增長，我們失去與這種光輝的聯繫，最終了解自己再也無法重溫那種經驗。

不論流浪和最終回歸的原因是什麼，它似乎是無法避免的，就像浪子的旅程。我們成長在大家共同認定、強調個體的現實，被教導要相信自己是不足的，需要「做出某種成就」（不管它可能代表什麼意思），某些行為（我們的缺點）受到懲戒，某些行為（我們的美德）得到稱讚，結果失去與廣闊存有的連結，相信我們只是這個獨立皮囊的渺小的我，是整體的一小部分。世界鼓勵我們成為這樣的人。

一段時間之後，我們累積越來越多的信念、故事和記憶，掩蓋兒時體驗到的存有光輝。體認「我是」而有的單純喜悅和無窮潛力，被一生得到的身分與特徵所壓制，但這只是生命劇本中有限的部分：「我是家長，罪人，療癒者，遲緩的學習者，好朋友，失敗者，沮喪，外向，迷人」諸如此類。換句話說，我們忘了自己到底是誰，陷入別人眼中的我，也許，直到有一天我們得到徵兆，瞥見自己的不朽、超越時間的靈性本質，就會成為追尋的人，然後開始回家的旅程。歌手兼作曲家傑・烏塔（Jai Uttal）詠嘆：「我為什麼離開山裡的家，為什麼流浪？帶我回到山裡的家。」

※我們為什麼必須與靈性的家失去聯繫？為什麼不能就是記得自己是誰，而不需要經歷迷失與回歸的痛苦過程？

誰知道呢？「為什麼」的疑問是頭腦試圖理解無法了解的東西。唯一真正誠實的答案是，因為本來就是如此。有些傳承說是神和自己玩遊戲。我們確實知道的就是幾乎每一個人都偏離了他或她「在山裡的家」，只有極少的人從小到大不曾與他們的神聖本質失去聯繫。華滋華斯說：「我們的誕生是入睡與遺忘」，許多聖哲也同意，以人形出生的動作，就足以使我們與自己的原貌失去聯繫。

※我們難道不能用足以避免這個過程的方式，來養育小孩嗎？

我們可以盡可能避免把自己的想法和信念強加在小孩身上，給予他們大量的空間去做自己，當然了，我們也可以支持他們保有純真、開放與驚奇。但他們最終還是會屈服於強烈的文化壓力，而認同自己是獨立的自我。這似乎是無法避免的，所以會有迷失與回歸的過程。

如果你想影響下一代，你所能做最重要的事就是自己覺醒。在你自己的生活中體現自由的可能性，就能對周遭的人產生深刻的影響。

※是否必須與你說的「核心矛盾」搏鬥，才能覺醒？我不知為什麼就是無法與這個矛盾共鳴。

完全不需要。覺醒並不需要任何特別的修行或冥思，雖然有些追尋者發現努力對付這個矛盾顯然能促成覺醒。即使是以真誠的好奇或熱切的興趣來探索存在的真理（許多老師推薦這種方法，包括我在內），也不是必要的條件。就如我在本書稍後所描述的，有些人的覺醒並不帶有一絲一毫的興趣或準備，有些人雖然修行多年，卻仍沒有覺醒。很矛盾，不是嗎？

※那痛苦呢？你談到痛苦在你自己的探索中的重要性。我可以沒有強烈的痛苦，仍能覺醒嗎？

同樣地，痛苦不是必要的，但它確實擁有神奇的力量，能打亂你舒適的小小世界，為你打開意義感與滿足感的更深來源。它是強大的推動力。當然了，你不需要刻意尋找它，它終究會找上你。

當下錯失了什麼？

請撥出十五分鐘做這個探索。睜開眼睛，舒適地坐一會兒，然後環顧房間，注意你的頭腦如何評斷和解釋你所看到的，「家具看起來很破舊，壁紙不合適，地毯有污垢，需要付帳單。」你的頭腦不斷發表這類意見，加上一層概念的包裝，使你很難直接體驗事實。即使是像「書」和「桌子」之類的概念，也會限制你的能力，無法超越形式而看見其下的本體原貌。

現在閉上眼睛，然後再度緩緩睜開眼睛，這次環顧四周時，你要好像是剛降落地球的外星人，或是像剛出生的嬰兒。看著窗戶、電腦、地毯，好像你以前不曾見過，完全不知道它們是什麼。享受光與影、顏色與形狀、動與靜的變化，不為任何展現的東西命名，讓自己留在驚奇與讚嘆的自然狀態。你完全不知道任何東西是什麼。注意這種純真、開放的眼光如何對你的存有產生影響。

純真的觀看持續約十分鐘後，溫和地自問：「根據當下的證據，不要請教頭腦，我現在的經驗是否遺漏或缺少任何東西？」如果這個問題對你沒有意義，就放下它，繼續觀看。如果你的頭腦開始敘述家庭歷史，談到你顯然需要什麼卻不曾擁有，或你的人生在某方面是缺乏或不足的，請把它放到一旁，回到單純的觀看。請記得，你被要求只注意當下的證據。

現在，再次問這個問題：「根據當下的證據，不要請教頭腦，我現在的經驗是否遺漏或缺少任何東西？」然後讓答案浮現。如果你最後的結論是沒有遺漏或缺少任何東西，就注意這個體悟如何改變你對事物原貌的經驗。如果你的結論不是這樣，就繼續詢問，讓答案浮現，並回到純真的觀看。

第二章

無我追尋

沒有比這個更大的奧祕，就是我們不斷追尋實相，但其實我們就是實相。

——拉瑪納．馬哈希

你存有的真理是平凡、簡單而一直存在的。就如《奇蹟課程》（*A Course in Miracles*）所說的：「不需要耗費任何時間，就可以成為真正的你。」每一刻都為你提供機會，以認識靜默、覺醒的當下，這是一直以來就已存在此時此地的，隱藏在你的經驗之下，且照亮萬事萬物。但不論我如何清楚、重複地向你描述這個真理，不論我運用多少術語和隱喻，你就是覺得不滿意，除非你自己直接體驗這個真理。就如古諺所說的，蛋糕的圖像就是無法消除飢餓感，你必須嚐到真正的東西，享受它的甘甜和口感，在口中感覺到蛋糕。這個矛盾是開啟的祕密、無門之門：你的本質就是佛性、基督意識、大心、純粹精神，但除非你面對面遇見它，否則體驗不到你尋找的快樂和滿足。

當然了，你不可能用尋找新關係或更好工作的方式（如建立關係網絡、打電話、瀏覽網際網路），來找到自己的原貌。即使是閱讀屬靈書籍，也只能把你帶到起點，接下來才要開始真正的追尋。事實上，當你開始知道你在追尋的就在此時此地，就像呼吸一樣熟悉而隨時可取用時（它是你與生俱來的權利、你的自然狀態，是無法編造或獲得的），追尋的重點就不同了。你可能發現很難再以身外的神祇或上師做為滿足感的來源，也很難透過培養某種心態或製造某些經驗來得到滿足。你已經是你追尋的目標，在這種教導之光下，走到外在某處或成為你不是的某種東西的任何努力，都只是誤導和妨礙。追尋會變得更細微、更矛盾，比較不像艱鉅的英雄式探索，而是比較像無聲的調合、內在的傾聽。

但若沒有老師的支持，這種內在的調合會很難維持下去，結果，許多追尋者（甚至包括很熟悉開啟的祕密的人），為了得到更強有力的方法而受誘惑，選擇從自身之外尋找明確清楚的修行方式和道路。可是，這種向外的追尋和最終的回歸，似乎是無法避免的，就如寓言中的浪子必須離家，才能重新找到埋在自己家裡的寶藏。古語說：「真理無法透過追尋而得，但只有追尋者才能得到。」換句話說，即使你已被告知，你所尋求的早已在這裡，你可能還是必須穿上追尋者的披風，動身上路。然而，你最後必須耗盡所有策略，放棄真理的追尋，才能讓真理向你展現自身。

追尋往往始於一次真實的真理閃現，忽然瞥見幻相帷幕的背後景象，激起你的好奇心、擴大你的胃口。也許是遇見與內心共鳴的教導，引發對某種更深實相的「深層感覺」。也可能是有完滿的靈性經驗：頭腦沒有明顯理由地突然停止，感覺到一直在觀看思緒來來去去的靜默觀察者。或是你的身體消融，認識所有現象的空性。但經驗必然會消散，你只留下重新創造或找到它的渴望，甚至想超越這個經驗，直達你的本性，這是每一個靈性經驗的真正來源。

這時，你已差不多要踏上回家的無路之路，你可能自然開始引領自己，就像森林裡的動物嗅聞路徑，尋找旅程的指導與支持。如果你運氣夠好，遇見直達真理方法的老師，他會告訴你，停下來、放輕鬆、傾聽已經存在的，把你的注意力轉向經驗背後的經驗者，你也許不需要長久的追尋，就能直接覺醒。但你若和大多數人一樣，就會被靈性冒險的許諾吸引，翻閱靈屬雜誌、上網查靈性的關鍵字，或是到當地書店或網路書店翻遍靈性類的書籍，以尋找正確的書籍、老師或團體。可供選擇的項目非常吸引人，而且數量和種類令人眼花瞭亂，只要你願意加入一套修行方式，全心相信某種特殊的取向，每一個地方都為你提供靈性的成就。

亞洲訓練出來的內觀老師為你培養正念與慈心，讓你最終可能發展出達到開悟「彼岸」所需要的心靈和心智的特質。跟著印度教虔誠瑜伽（bhakti yoga）的印度上師吟唱禱告，神可能賜給你拙火覺醒的恩典。在西藏出生、受訓的佛教老師指導下，投入基本修行和神聖觀想，你可能有幸在未來某世重生為佛陀。

你離開存有真理立即可運用的直接直覺，被引誘進入靈性市場，裡面有充滿善意的小販兜售他們的商品，只要你願意買他們的產品，上他們的課程，加入他們的團體，投入數千小時的時間，就允諾你經過多年的努力後，可以在遙遠未來的某個地方開悟。最初想要尋找真理、聆聽真理、走向真理的純真動力，原本像小孩走向母親或小鳥歸巢一樣自然，如今被制式的傳承吸納，變成迂迴的靈性體悟道路。歡迎加入進步之道！

進步之道的正反論點

進步之道非常吸引人，因為它們已發展得如此精細，往往已有數世紀的歷史。它們具有制式傳承的認證，認為你只要全心遵循指示，就會自然產生結果。如果你聆聽足夠的教導、花費足夠的時間禪修、參加夠多的密集訓練、培養足夠的正確態度和特質，有一天就會找到自己究竟是誰的真理。為了鼓舞人心，進步之道的典籍充斥大師的勸勉故事，他們一開始就像你我一樣是追尋者，經過長久一致的努力，最終得到開悟。

進步之道非常適合頭腦，因為頭腦不喜歡不確定感，想要確切知道你被引向何方、如何到達那裡。同時，它也吸引喜愛努力的「自我」（ego）。「自我」就是你誤以為是自己的分裂自我感，它視本身為人生戲碼的備戰英雄，把靈性道路看成終極的英雄旅程，用菩提樹下的佛陀取代尤利西斯或洛基。「自我」會想像你經過數年的努力，也能到達開悟的巔峰、進入完全安息的體位、閃現無畏安詳的印記。

「進步」可以為你提供某種尊貴有意義的事、有益的生活方式、共同追尋者組成的團體、歸屬的感覺。你可以學習享受素食，加入道場或禪修中心的生活，從規律的禪修或瑜伽術得到健康的利益；你也可以閱讀經書，聆聽靈音樂，感覺自己是逐漸成長的全球靈性覺醒運動的一分子。難怪有那麼多追尋者被吸引而加入。

儘管它看起來可能有益，但基於幾個重要的理由，靈性展現的漸進取向其實可能會傷害當下覺醒的可能性。當你受到鼓勵，把焦點從覺醒轉到據說可以使你覺醒的修行方式，你可能投入數年時間使外在形式完美，成為熟練的禪修者或瑜伽修行人，卻不曾對近在手邊的真理覺醒。例如，我認識一些佛教徒穿著袈裟花費數十年觀呼吸、談佛法，卻不曾瞥見自己的根本性質、本來面目。把能量投入追尋的危險，就是你最終成為永無休止的追尋者，卻不曾找到最初想要尋找的真理。

更根本的問題可能在於進步之道假設的前提，進步之道要求你必須投入某些修行方法一段時間，才能體悟自己是誰，這會強化你的真實本性被深深隱藏、需要長久努力才能顯現的信念。我耗費數年在禪墊上，用筆直的姿勢和交握的雙手坐著，努力捕捉一閃即逝的真實本性，好像它是某種稀有動物或鳥類，隱藏在枝葉交纏的思緒叢林。最後，我放棄努力和正式的禪修，然後遇見一位老師，他告訴我：「追尋者就是尋求的對象，觀看者就是他或她要看見的目標。」我的頭腦無法理解這些話，但不久後有一天，追尋者和尋求的對象突然融入彼此，我徹底而永遠地知道自己是誰。一直如此努力尋找真實本性的那一位，其實就是我一直以來尋找的真實本性。真理一直與自己捉迷藏。只要我繼續如此努力把焦點放在追尋，就不可能退入靜默的臨在，而這才是所有追尋的源頭。

禪修的歲月難道沒有使我對覺醒更敏銳嗎？這是無法確定的，我只知道覺醒發生在我停止規律禪修之後。進步之道的擁護者通常會宣稱他們的特殊技巧（不論是內觀、持咒或哈達瑜伽），經過數百年來無數大師和老師的琢磨，是帶領你接近真理的工具。他們會指出其傳承中許多開悟的人，以之為證。但那些成千上萬、默默無名、在寺院耗費多年，卻不曾瞥見開悟的修行人呢？他們是怎麼回事？或是反過來看，許多偉大的靈性大師不靠任何技巧或方法就覺醒，他們又是怎麼回事？二十世紀名滿全球的印度聖人拉瑪納・馬哈希，在十六歲時假裝自己快死了，不到半小時就丟下獨立自我的身分認同，覺醒成萬有的本體我（Self）。（有趣的是，他不曾規定別人用他的方法。）中國禪宗六祖慧能在進入寺院前不久，因為聽到《金剛經》的一句經文而開悟。甚至佛陀的開悟也不是出於艱鉅的修行，雖然傳統的說法認為他經歷苦修，其實剛好相反，他的開悟顯然發生在放棄禁欲苦修之後，他接受滋養的食物，坐在樹蔭下舒適的草皮上，誓言若不達到追尋的終點，絕不起身。進步的修行之道顯然不是產生覺醒的必要條件。

事實上，特殊技巧的漫長修行可能有相反的效果，使頭腦僵化，成為習慣，而不是對真理更開放、接納。如果你想知道進步之道會如何影響你，可以花一點時間到傳統的禪修中心或道場，看看長時間修行的人是不是更快樂、更自由、更安詳、更開悟？或是僵化地嚴守組織和規條，缺乏自發性，以自己的靈性進展或地位為傲，耽溺於控制？當然了，每一個中心、傳承和修行人都是不同的，但我參訪過許多寺院和道場，不但缺少我們期待會有的喜悅與活力，而且散發出壓抑情緒和流於形式的味道。

我現在並不是要否定靈性修行在許多層面的巨大益處，例如，研究顯示，規律的禪修可以減緩心跳速率、降低血壓和血中膽固醇的濃度，強化免疫系統，增加壽命，並提高生活的整體樂趣。問題不在於技巧，而在於修行的態度或方向。如果你把自己的修行視為漸漸達到某種遙遠、崇高目標的方法，可能會失去最初的熱情、赤忱和好奇，在固執地決意累積靈性經驗、成為更屬靈的人的過程中，錯失你真實本性的開啟祕密。我的老師金恩・克蘭常說：「不要把禪修變成習慣」，免得你的修行變得了無生氣、單調乏味。進入禪修要像進入實驗室一樣，帶著找到禪修者的明確意圖。

我最近重新聯絡上一位佛教徒老友，她是進步之道隱藏了陷阱的實例。蜜雪兒最初是因為強烈渴望超越她的痛苦，而被靈性修行吸引，她花了數年向一位特別的老師學習。她同時也是整脊治療師，有兩個小孩要撫養。當她成為經驗豐富的禪修者，也深深陷入傳統階級身為資深弟子的特殊身分，這個身分代表具有多年禪修經驗，被認為已達到某種程度的靈性成熟。她現在雖然站在指導別人的位置，卻不曾稍微瞥見自己的真實本性，而她的老師已過世十幾年，她再也無法得到老師的指導。就某種意義來看，你可以說她在進步之道上已走入死胡同。經過這麼多年，她已成為更好的人：更鎮定、更能自我覺察、較少情緒反應或緊張、更為滿足，但她不曾經歷自己最初尋找的體悟。事實上，她已不再相信自己耗費多年建立的修行，可以為她帶來佛教故事允諾的深刻平靜與喜悅。但現在的她本身是老師、資深弟子，無法自在地離開教團、探索其他方法或尋找別的老師，於是她帶著某種程度的失望與認命，堅守崗位，暗地裡相信自己不可能有深入持久的覺醒。

蜜雪兒最初想要覺醒的迫切動力，被這個傳承導向長年獻身於一條道路，結果她卻沒有得到原先的許諾。在過程中，她接受一套信念體系，相信什麼是覺醒、如何達到覺醒，卻使覺醒像是一種遙不可及的目標，也使她更難相信自己的真實本性是一直存在的，在當下就可以立即得到。她被教導，只要能完成那些修行、解決各種公案，精通許多經典，就可以發現自己到底是誰。

多年來，蜜雪兒把能量集中在成為更好的人，逐漸使頭腦平息，培養更屬靈的特質，比如耐心、平等心、慈心和布施，認為這些特質能使她更接近開悟。但任何努力都無法使你更接近真正的你，畢竟它是與你最接近的，就像呼吸一樣親近，你需要努力的想法只會使你更遠離它，因為這種想法會讓你迷失，離開原已近在手邊的自己。印度大師尼撒哥達塔（Nisargadatta Maharaj）問道：「你沒看到嗎？正是你對快樂的追尋，使你覺得不幸。」培養所謂屬靈特質，正是演出頭腦最珍愛的假設：你本身有某些問題，在你成為真正的你之前，需要成為更好的你。在我們這個要求自我改善的文化中，這個假設得到廣泛的強化。內心深處，你相信自己本來就是有瑕疵的，特別是你拿自己和傳承中的偉大模範做比較時，而你會一直努力活出某種形像，認為自己應該如何思考、感受、行事為人。在禪宗，這種態度稱為「頭上安頭」，卻沒有享受自己已有的完善的頭。

也許，在不知不覺中最危險的，就是多年獻身於這種漸進的培養，只會強化追尋者的執著：獨立的某個人成功踏上道路、參加密集禪修、累積許多洞見、擁有各種經驗、得到靈性學分。看起來很諷刺，屬靈的人專注於解除「自我」的執著、體驗自己的空性，卻在過程中發展出巨大的靈性「自我」，躲藏在陰影中，沒有受到檢視。小小聲音在內心低語，標榜你的進步：「瞧我變得多麼鎮定、專注、有愛心而平靜。」或是較負面的口氣：「我好像就是抓不到禪修的要領，即使已經修行多年，好像還是沒有任何進展。」一旦深深陷入追尋者的身分認同，就很難看清和放下，因為進步之道的修行容易強化這個身分，鼓勵你成為更好、更屬靈的你。即使是進步之道的終極成果，也必然是二元對立的，因為它被認為是屬於我的經驗：追尋者永遠沒有真正的消融，只是成為一個發現者。

直接的途徑，及其陰影

我在本書並沒有提出一種自我改善的漸進道路，做為自我體悟的方法，而是提供直接的途徑，直指你在此時此地的真正本性，這是你一直已經是的純淨、永恆、無礙、無窮的覺察。你不曾與它分開，連一秒鐘也沒有，所以你不可能靠努力或進步來接近它。只要把你的注意力轉回它身上，一次而永遠地認識你那真正的無貌之貌。

直接的途徑較不依賴技巧，比較在於師生間的親密關係，和以心傳心的立即的真理傳遞，或是如我第一位禪學老師常說的：「從一隻溫暖的手傳給另一隻手。」（傳遞這個用語可能造成錯誤的印象，以為是某種知識或智慧從某個人傳給另一個人。正確的說法是指老師和學生同時分享和認可真實本性的認識。）中國禪宗初祖菩提達摩稱之為「在經文之外的特殊傳遞，不依賴語言和文字，直接指向人心，看見真實本性，成為佛陀。」〔譯註〕藏傳佛教稱為「大圓滿」，老師運用「直指人心的教導」向學生引見心的根本性質。印度不二論吠檀多的聖人同時運用語言和靜默，喚醒弟子進入超越語言和靜默的鮮活實相。（吠檀多的經典

呼吸與體會

花一點時間體會你自己的追尋方式，如果你遵循一條進步之道，想一想它如何影響你對靈性覺醒的態度。你是否發現修行方法使你更接近真理？關於你選擇的道路，你會告訴自己什麼樣的信念和故事？如果你現在沒有追求一條特殊的道路，請想想看是什麼吸引你走向靈性的追尋？

〔譯註〕原文為「教外別傳，不立文字，直指人心，見性成佛。」

集《奧義書》（*Upanishad*），字面意思就是在上師「身旁坐著」。）當我的老師告訴我「追尋者就是被追尋的目標」，我沒有對他的話深思熟慮，那些話只是從內在生根，並轉化我，完全不是出於我的刻意努力。

唉！即使是最美好的道路，「自我」仍有辦法把它轉變成屬於自己的私人收費道路，因此直接的途徑也有其陰暗面。例如，有些人認為自己可以只聽少少的教導，讀一點書，燒一些香，穿上特殊的衣服，沒有任何真誠的興趣或探索，就期待覺醒會來敲門。（當然了，這種情形確實可能發生，但我不想害你坐冷板凳。）有些人只是在知識上理解教導，就以為自己已達到追尋的終點，畢竟聖人都說「你一直就是本體我」。但這些追尋者其實仍站在無門之門外面，因為不認真的追尋、被動的等待，或只是概念的了解，都不會使他們通過這道門。有些直接取向的狂熱分子則成為「專業追尋者」，他們更大的興趣似乎在於新的身分衍生出的個人舒適感、意義感和歸屬感，而不在於真實、具有轉化作用、可能使人不舒服的覺醒。因為即使是最屬靈的身分，也會被覺醒解構，展現其下的鮮活真理。

沒有追尋的追尋

對，你可以透過閱讀古代聖人的文字或聆聽他們的教導，在頃刻間對自己的真實自我覺醒，這是真的。但一般說來，能有個方向、帶著好奇、願意投入，甚至充滿熱情，會有助於你發現自己到底是誰。換句話說，渴望真理甚於任何其他事物，並知道如何去看、看什麼地方，是有幫助的。

蘇菲教派有一個寓言，談到神聖愚者納斯魯丁（Nasruddin）的鑰匙雖然掉在別處，卻仍堅持在街燈下尋找，只因為那裡比較亮。這個故事雖然有點老套，卻仍有助於闡明追尋的本質。你就像納斯魯丁一樣，可能想在自己之外的已知、熟悉、別人嘗試過且認為正確的地方，尋找你的真實自我，只因為有那麼多人在你之前踏上旅程，留下那麼多為你照亮道路的路燈。但你的道路終究是獨特的，始於未知的黑暗，以及你內心的單純渴望。就如尼撒哥達塔說的：「你必須找到自己的路，除非你自己找到它，否則它就不是你特有的道路，也無法帶你到任何地方。」你必須願意坐在這個黑暗之中，體認真理就藏在其中，不要立刻跳起來主張容易的答案或已被別人證明的修行方法。尼撒哥達塔接著說：「住在已知中，是束縛，住在未知中，是解放。」

《奧義書》描述真理有三條主要的途徑：聽聞、修行和深思。第一條途徑包括閱讀聖典和聆聽純正老師的話語，目的不是為了搜集新的概念，而是渴望親自體驗真理，本章和下一章將會討論。第二條途徑是欣然接受你生起的任何經驗，詳見第四章。第三條途徑則是讓這些話在你裡面滋長，在你自己內心肥沃的黑暗中滋長，同時熱切探索這些話展現的真理，詳見第五章。這三種途徑需要的不是努力或奮鬥，而是開放與接納的品質，願意把你原有的觀念放到一旁，直接體驗實相，再加上真誠投入真理探索的決心。也就是說，不論你的追尋持續多久，重要的是不要失去初學之心的新鮮、活力與自發，不要把追尋變成枯燥乏味的習慣、「自我」無止盡改善自己的計劃表裡的又一條項目。請記得，分裂獨立的自我永遠無法找到真理，最終，真理只是透過你喚醒自己。

你確定自己想在死前就死去嗎？

西藏上師丘揚．創巴常常警告學生，在走上靈性道路之前，要好好考慮兩次，因為他們一旦對自己做出承諾，就再也無法回頭，而且他們在完成時，會一無所有。我以同樣的精神鼓勵你自問，是否願意為了喚醒存有浩瀚的身分，而放棄你擁有、珍惜的一切：你的信念、你的安全感、你熟悉的身分、你的整個意義世界。一旦波浪了解自己其實是海洋的一部分，就再也無法假裝自己只是波浪了。

每一個在這個時代討論靈性覺醒的人，都把覺醒當成可以加入履歷表的愉快經驗而已，密集禪修和印度的瑜伽之旅也是如此。可是，覺醒一旦發生，往往是殘酷而無法控制的，就像燒毀一切的野火。尼撒哥達塔警告：「靈性不是兒戲，聆聽我說話的人，都會被撕成碎片。」畢竟，你覺醒的對象是真理，能粉碎你原本相信自己是誰的幻相。在你開始探索自己是誰之前，可能會想考慮一下自己是否已做好準備，讓你整齊的小小世界被撕成碎片或在大火中燒毀。我知道有許多人的生活被覺醒搞得亂七八糟，許多人花費數年學習如何以全新的方式生活。（這個覺醒的旅程，以及接下來學習如何活出覺醒的生活，其實就是本書的主題。）禪宗充滿情感地把開悟稱為「大死」，修行人則要「在死前死去」。

中國有個故事談到一個人喜愛龍，他畫龍、收集龍的雕像、閱讀他能找到所有與龍有關的資料。他是龍的專家，聲名遠播。有一天，一隻真正的龍路過他家，把頭靠到窗戶，吐出一點火，這個人嚇壞了，跑出家門，從此再也沒有他的消息。在你對覺醒培養興趣之前，好好考慮一下，覺醒的經驗就像龍一樣，可能是可怕的、令人敬畏的、改變人生的，且會把你帶到你不曾想到的方向。

※是否真的需要某種形式的追尋或熱切的探索？如果我沒有追尋的傾向呢？

如果你滿足於自己的生活，不覺得需要再尋找什麼，當然就繼續你原有的生活。我沒有什麼建議可以給你，沒有自我改善的方案，也沒有興趣促使你覺醒。追尋是自己的選擇，發現也是如此。只要如實享受人生，做你自己就好了。

※你提到老師支持的重要性，可是我如何選擇老師呢？我如何分辨對方是不是真正的老師？

就如我的老師金恩．克蘭常說的：「你會知道是否遇見真正的老師，因為你在他或她的同在中，能感覺到自己的自主性。」也就是說，你會覺得更自由地做你自己，不會因為師生的角色覺得束縛。真正的老師不會對老師的身分認真，也不需要靠學生才覺得自己完整。

我第一次私下和金恩會談時，驚訝地發現這個人沒有把自己當成老師，其實他完全沒有把自己當成任何人，也絕對沒有興趣像別的老師那樣把我當成學生。我很高興，因為再也不覺得需要符合別人的期待。在真正老師的同在中，你會覺得更自由，而不是更被規條和事務束縛。

※我如何知道自己在靈性道路上有進展，或只是浪費時間？

你究竟想走到哪裡呢？關於道路的整個觀念使你受到束縛，相信自己正走向某個遠方的目標。停止這種追尋，如是就好。一開始，你的頭腦可能覺得迷惘和挫折，因為它不知道要做什麼，沒有任何修行方法或技巧可以運用，不知道如何衡量它的進展。但在你真實本性光芒四射的寬

呼吸與體會

花一點時間考慮，為了喚醒你某種不受限制又不可知的真實身分，你是否準備好放棄你熟悉的自我感和你習慣的世界觀。對自己要無情的誠實。當然了，你還不需要做出承諾，無論如何，你沒得選擇，你或是覺醒，或是沒有覺醒。只要想一想靈性覺醒深刻而使生命轉化的結果就好了。

廣中，沒有要去什麼地方，也沒有要得到什麼東西，你已經在你應該在的地方。只要享受這個超越時間的片刻，沒有期待也沒有操縱，覺醒會照顧自己。

覺醒的呼喚

你到底在尋找什麼？

撥出十到十五分鐘做這個探索。一開始先閉眼舒適地坐幾分鐘，然後問自己下述問題：「我在尋找什麼？我追尋的目標是什麼？我如何知道自己是否找到它？我的生活會有什麼不同？在我的想像中，開悟的人有什麼是我所沒有的？」花一點時間體會這些問題，對自己誠實，不要隱瞞任何東西。也許你正在尋找靜默當下的特質，或是不帶評斷的開放。也許是一種先於頭腦的平靜和喜悅，不會受到思緒或情緒的干擾。

現在體會聖人的教導：你已經是你所尋找的，你不需要去培養或發現，它是你的自然狀態，你連一秒鐘都不曾離開它。就是現在，放下你的追尋，留在覺察或當下之中。

不要試圖理解這句話的意思，也不要用你習慣的方式冥想。只要信賴你需要的僅僅是放下和存在。安住在你根本性質的平靜與喜悅之中，從無條件、沒有評斷的當下之眼向外凝視世界。此刻從這雙眼看出來的，就是這個靜默的當下，頭腦說的任何話都無法改變它。即使是「平靜」和「喜悅」、「無條件」和「不帶評斷」之類的概念，也是多餘的，會產生誤導。只要當你自己！

起身進行一天的生活時，繼續當你自己。

第三章

脫離已知

事實一直如此，所有知識都是無知的一種形式。最準確的地圖仍只是一張紙。

——尼撒哥達塔

小時候，我有一種永不滿足的好奇心，想了解周遭的世界。我收集昆蟲和花朵，在我家附近的森林漫遊好幾個小時，在光與美超越時間的層面與環境融合。在學校時，這種好奇心轉成對書本與觀念的著迷，我的老師很快就稱讚我解決複雜問題和記憶重要事實的能力。我越來越以自己的成就為傲，認同自己是腦筋好的小孩，是知識分子。六年級時，我在筆記本中頌揚「知識就是力量」的座右銘。

就讀大學時，我開始了解所有的概念知識都無法給我最想要的一件事：快樂平靜的心靈、自在的存在。我認識一些絕頂聰明卻過著悲慘生活的人。一位才華洋溢的數學家從宿舍跳樓自殺，一位與我最親近的朋友服用迷幻藥過量，在精神病院度過餘生。我的教授被視為他們領域中最傑出的人才，卻顯然對自己的生活不滿意，我認為是因為他們沒有連結到意義和知識的更深來源。他們可以數小時滔滔不絕地談論《李爾王》或《薄伽梵歌》，卻顯然完全不認識自己的心與靈魂。

不知道是最深入的知道

幸運的是，我已經開始探索東方的智慧，特別是禪學。禪學以洞察的利劍穿透被制約的信念，展現其下活生生的真理。我渴望超越忙碌心智的重擔和艱困童年的痛苦，於是放下禪學書籍，開始禪修。我沒有研讀別人對生命的看法，而是與生命本身親近：打掃房子、料理食物、整理花園、觀呼吸、教導別人如何禪修。

十年後，我身為加州一間禪寺的住持，被要求在佛法的對話中，挑選一則公案，做為任期結束時的標誌，我的選擇反映出我對認識的態度有了深刻的轉變：

地藏禪師看見弟子法眼穿著旅行的服裝，於是問他：「你要去哪裡？」

法眼回答：「出外朝聖。」

地藏問：「朝聖的目的是什麼？」

法眼說：「我不知道。」

地藏回答：「啊，不知道是最深入的知道。」

不知道是最深入的知道。任何概念都只會使你離開當下此刻豐富、深入、精采的經驗。一旦你為花朵或昆蟲分類命名，為伴侶或朋友做心理分析，把身體劃分為不同部位的肌肉和骨骼，就不再能真正看見他們的原貌，只剩頭腦所理解的他們；你陷入了知識的架構，使不斷變化的水流凝結成單一的結構，捨棄了使江河成為江河的水流。這種概念的干擾會使你與生命分離，只剩下疏離、斷裂的感覺。引述約翰．藍儂的歌：生命正在發生，你卻忙著把你的解釋強加在生命之上。

但如果你把觀念放到一旁，就有潛力在每一刻直接、親近地體驗生命，沒有任何知者與被知者之間的分裂。從內在感覺你的身體，沒有頭腦的干擾，給自己機會跨越門口，進入存有本身的直接感知：純淨、光輝、不可分割，主體與客體在此合而為一。就如神祕主義詩人威廉．布萊克（William Blake）所說的：「如果知覺之門得到潔淨，萬事萬物都會向人顯現原貌，無限。」聖徒保羅也了解這個真理，他寫道：「我們如今彷彿對著鏡子觀看，模糊不清（也就是心智被概念遮蔽），到那時就要面對面了。我如今所知道的有限，到那時就全知道，如同主知道我一樣。」換句話說，在屬靈的光照下，知者與被知者間明顯的分裂，會消融成純淨、一體的知道，也就是只有存在本身。

假裝知道，會使你無法親近有如自身皮膚一樣靠近的真正本質。事實上，你存有的真理永遠無法被頭腦認識，它是難以理解、無法捉摸的，但只要你完全放下想要知道的努力，真理就會向你展現自身。尼撒哥達塔說：「你必須忘掉所有學習，神是所有欲望和知識的終點。」

世界各地的經典有許多格言諺語對概念知識的限制提出警告，並指出難以形容、無法知道的神性。但這些教導無法阻止偉大的宗教累積出無數書籍，以概念詳細描述最根本的靈性真理。即使佛教強調直接靈性經驗的重要性，也充斥了累積數世紀的厚重信念，使追尋者戴上模糊的透鏡來詮釋追尋的道路。例如，我有一位學生參加藏傳佛教，她所屬的派別教導她，如果把自己奉獻給上師，並投入嚴格的修行，就有可能開悟。覺醒的許諾誘使她加入，但她越投入、越向別人敞開，就越感到困擾，因為她接受的教導警告她，如果她以任何方式違反她對上師的

呼吸與體會

就如第一章最後所做的，花一點時間環顧房間，好像嬰兒初見世界似的。你不知道任何東西是什麼，也不知道它的名稱，你只是覺察到形狀、顏色、動作、明暗的變化。把所有生起的概念或信念都放到一旁，繼續你純真的觀看，完全沒有概念的干擾。這種觀看會如何影響你呢？

誓言，就會遭受痛苦的地獄之火。她來找我時，深受地獄噩夢的困擾，害怕自己最後真的進入地獄——只因為她想對自己的根本性質覺醒。

不給「自我」糖果吃

猶太傳統有個很棒的故事，談到即使是最崇高的宗教教義，如果太認真以對，也是很危險的。有一天，哈西德教派的創始者以色列的巴爾・謝姆・托夫（Israel the Baal Shem Tov，意為「美名大師」）像往常一樣體驗到靈魂高升到天堂，他遇見撒旦正比手劃腳地大聲朗讀一本書（撒旦是負責為人間帶來挑戰處境的天使），從撒旦的話語和姿勢，巴爾・謝姆看出那本書包含一段他自己關於摩西五經的註釋。

他回到身體後，召集最親近的弟子，詢問有誰寫了一本巴爾・謝姆・托夫的摩西五經註釋書。沒有錯，一位弟子靦腆上前，手握一本日誌，裡面是他聽大師談話時的仔細紀錄，巴爾・謝姆・托夫讀了之後，還給學生說：「這本書沒有一句話是正確的。」他的意思不是指書中的概念不正確，而是那些字句已不再帶著其來源的智慧，它們是死的，是沒有生命的複製品，缺少能喚起神性的力量。

可惜佛陀不能像巴爾．謝姆一樣返回，讀一讀以他之名提出的勸戒與理論，然後宣布這些書籍是扭曲的、不正確的、過時的、無生命的。每一個佛教教派和學派都對佛陀真正教導的內容提出不同的主張，但事實是，巴利正典記載的所謂佛陀的話，是他過世超過五百年後才寫出來的。你能記得自己上個月、上一週，甚至昨天說的話嗎？那麼，「佛陀的話」怎麼可能確實地傳遞五世紀，經過一代又一代的僧侶而沒有改變呢？誰知道佛陀到底教導了什麼？但千百萬男女信徒尊崇這些話，有如佛教的福音書，並據此生活。

巴爾．謝姆的智慧足以了解誘惑者撒旦能夠把僅僅是指著真理的手指，轉變成神聖的啟示，塑造成被人崇拜的金牛偶像，以取代必須在每一個人心中重新生起的鮮活真理。同樣地，即使是最崇高的靈性教導，也會被頭腦佔據，假裝知道這些教導所說的真理，其實頭腦只是透過靈性概念的模糊鏡片觀看實相。

難怪你會認識許多人，他們讀了所有正確的靈性書籍，接受最精微的靈性概念，還能逐字背誦，卻對文字背後的真理缺少直接經驗。這些人認同他們累積的靈性知識，也相信自己已被神聖化，但仍感到痛苦，也造成別人痛苦，好像什麼都沒有改變一樣。或許你也曾以相同的方式運用靈性概念。

靈性市場充斥許多出於好意的人，他們收集教導的方式就像有些人收集古董一樣，洋洋得意地稱讚這些教導。我初次遇見我的老師金恩．克蘭時，向他描述我學過和書上讀到的教導，他和善地微笑，溫和地說：「放下你的包袱。」金恩把這種概念稱為「『自我』的糖衣」，因為它們會使頭腦對根本無法控制或知道的東西，產生錯誤的力量感和控制感，對沒有根基的地方產生堅實根基的感覺。這種概念會妨礙你的覺醒能力，因為它使你留下錯誤的印象，以為你已經知道。

當然了，宗教也以同樣的方式發展，開始於真實、充滿活力的靈性啟示，經過一代又一代，逐漸失去它的精神，越來越少信徒經驗到文字背後單純、光輝的真理。一段時間之後，宗教從鮮活的交流墮落成僵化的教條，從充滿源頭力量的大師談話，墮落成供奉在聖書經典中的死文字，以這些死文字反對放棄信仰者和不信者，並從遠方崇拜，視為古之聖者或開悟者神聖不可反駁的宣言。

徹底的靈性

徹底的靈性採取完全不同的途徑，不再提供更多信念做為你的收藏品，而是劈開你最珍愛的假設，呈現出根部、活生生的源頭，所有概念都由此生出。尼撒哥達塔說：「丟掉它！不論你了解什麼，都不是真理，都要丟到船外。」其實，徹底的靈性教導你，你的觀念和故事就是唯一使你與你根本性質的真理分開的東西。一旦你不再把它們當成真實，能如實看見它們只是思緒，就有機會跌入浩瀚、寬廣、明亮、沒有思緒的當下，這是你一直以來已經是的真正的你：活生生的實相，沒有任何思緒有可能碰觸到它。拉瑪納．馬哈希說：「體悟並不是獲得任何新的事物或能力，它只是移除所有偽裝。」

佛教大師和印度聖人並不是唯一強調放下概念包袱的人，就如巴爾．謝姆．托夫的故事清楚顯示的，基督宗教的神祕主義者，如艾克哈特大師（Meister Eckhart）和十字架的聖若望，都詳細談到後來被稱為「消去法」的方法，這個方法認為任何關於神的說法都不是正確的，因為神是超越所有概念知識的浩瀚空無。艾克哈特寫下：「神是無名而不可言說的。」接著又說：「你能放下的最崇高、最高尚的事，就是為了神的緣故放下神。」也就是為了活生生的神，放下概念化的神。然而，根據消去法大師所說的，你可以在超越頭腦的層面，直接無疑地認識神。

耶穌自己說：「駱駝穿過針的眼，比財主進神的國更容易。」雖然他談的基本上是指物質財富的執著，但也隱指信念的財富，在他那個時代（以及我們這個時代），許多人都透過信念認同自己，包括法利賽人、撒都該人、自由派、保守派、穆斯林、猶太人。耶穌在「登山寶訓」說到：「凡要承受神的國，若不像小孩子，斷不能進去。」意思就是你必須純真、開放、接納，像小孩子的信心一樣不受教條的妨礙。耶穌教導的道路強調靈性的貧窮與謙卑，要剝光老舊的你，受洗重生到當下的新鮮。

基本教義派的誘惑

儘管各種靈性傳承都警告人要避免落入教條的誘惑，但靈性教條仍是非常誘人的。透過你的靈性信念，你可以在這個看起來充滿威脅又混亂的世界中，得到安全感和舒適感，與看法相同的其他人一起創造社群，並根據某些基本原則安排你的生活，連結到一代又一代傳遞下來的靈性能量之流。可是，在這個過程中，你用熟悉、確定、無疑（也不可質疑）的過濾器投射在真實之上，以此取代直接體驗真實的可能性。這種過濾器接下來會製造靈性的意識形態和教條，而在世界造成如此多的破壞。（順帶一提，我並不是暗示靈性信仰本身有任何問題，其實有些信仰是人類想像力的大師之作，有如詩或交響樂一樣。只有在你執著於這些信仰，誤把它們當成真理時，才會造成痛苦。）

我最近收到一張廣告傳單，宣布在德州奧斯汀我家附近有一場福音音樂活動，我到達現場後，很快就知道這其實是經過偽裝的信仰復興佈道會，聽眾是較緊密結合的福音基督教派，他們會定期舉行音樂和禱告的聚會。我遇到的人很友善親切，歌聲充滿真誠的愛與奉獻，我以跨越教派的方式，把與耶穌有關的歌詞轉成共通的神性，盡情享受美好的共鳴。可是，表演者不久就針對不支持保守政治觀點的人，在歌詞加入不友善的批評。愛與奉獻不曾停止流動，但現在受到層層批判與信念的過濾，如果你不相信老式的家庭價值，不支持共和黨，更重要的是不相信耶穌的話，就不配得到愛，注定下地獄。

可是，我對這些親切熱誠的男男女女感到更驚訝的，還不在於他們對別人的批判，而是他們對自己的批判。看看他們歌詞中的評論，似乎非常努力要成為好基督徒，抗拒撒旦的誘惑，因為他們相信自己生來就有缺點、沒有價值，他們自然的洞察力和動力都受到誤導。信仰為他們提供救贖的可能，但也使他們被原罪束縛。我能了解他們為什麼如此堅守宗教信念，因為若沒有這種信念提供的保證，他們恐怕就必須面對不確定感和自我懷疑，這正是他們想要克服的。

以信念填滿空？

基本教義派並不是唯一覺得自己有所不足而嘗試採取正確態度和信念來補償的人。身為心理治療師，我發現找我諮商的人，幾乎每一位都在某種程度上相信自己有所不足或沒有價值，許多治療取向也嘗試以正向的信念取代負向的信念，以支撐自我價值感。問題在於，沒有任何支撐能對「自我」這個顯然獨立的自己，徹底保證它是足夠的，因為它在某種層面知道自己只是一種建構，是思緒、記憶和感受的集合體，沒有任何實質的存在。以拉瑪納．馬哈希的話來說，「自我」只是存有「投射到地面的影子」。難怪它會覺得有所不足，因為它其實並不存在！

從發展來看，「自我」起於童年，那時你得到的訊息是你並沒有因自己的原貌就足夠了，需要以某些方式行事為人才能得到愛，並確保你的生存。例如，父母可能帶著最好的意圖告訴你，好女孩不能生氣，要開開心心、樂於助人，或是大男孩不能哭，要壓抑感受、表現剛強。當你的行為表現出某些可被接納的方式，就給你正向的注意，結果你開始假裝自己是快樂或堅強的，即使你並不真覺得如此，於是你的內在經驗（被視為不被接納的），和外在的人格面具（即「自我」）之間，產生裂痕。如果你像大多數人一樣，你可能花費一生假裝成你所不是的某個人，試圖以此贏得愛和贊同，或確保你的生存，但內心深處卻自覺不足，因為你永遠無法真的變成你投射在自己身上的影像。

這個過程本身並沒有錯，其實它顯然是無法避免的，但它會造成很大的痛苦。例如，許多人產生上癮行為，企圖以無效的方式填滿內心的黑洞或空虛，如酒精、毒品、抗憂鬱劑、食物、性、物質享受，沒錯，還有靈性信念。內在的空虛會如此恐怖、難以承受，以至於願意做任何事，包括耽溺於自我傷害的行為，來避免面對它。

靈性信念為「自我」提供更正向的身分認同，蓋在黑洞上面，補償不足的感受。你可能認為：「我一定是好人，因為我遵守福音書的話、瑜伽聖人的教導、佛陀的話語。」一段時間之後，你把這些信念塑造成舒適的內在世界，核心就是更崇高、更屬靈的你，但這個世界只不過是一種幻想、另一個建構、更多「自我」的糖衣，並不會使你更接近真實的靈性覺醒。

徹底的靈性會完全燒毀你幻想世界的圍牆，邀請你直接面對自己的缺乏感和不足感，不受概念的干擾。在當下覺察的光中，你會看見獨立的自我只是一種建構，感受就只是感受，完全與真正的你無關，真正的你是無限的空間，思緒和感受在其中生起。尼撒哥達塔說：「放棄你界定自己的傾向，不論你對自己有什麼樣的概念，都不可能是真的。」內在的空虛感或許看起來很可怕，其實正指出存在核心的光輝空無。當你穿透層層信念和自我概念，可能會想詢問更深的問題，而引導你直接經驗這個光輝的空無：生命到底是什麼？重點是什麼？我到底是誰？（關於自我詢問的深入探討，請見第五章。）

即使是靈性上最正確的不二概念，也可能被「自我」吸納為舒適的靈性身分。我認識一些人定期參加靈性聚會和密集修行，閱讀禪學大師和吠檀多聖人的著作，談論不二論的行話，滔滔陳述哲學（如「我就是意識，在自己和別人間沒有分隔，獨立的自我其實並不存在」），但他們只是在重複那些死文字，並沒有展現出他們的體悟。如此執著的觀念和信念只會阻礙清晰的看見，最終成為覺醒的障礙。就如尼撒哥達塔說的：「最正確的地圖，仍只是一張紙。」

儘管文字表達的意思是獨立自我的不存在，但在更隱微的層面，強調概念上的知道，只會強化知者（獨立的某個認為自己知道的人）表面的堅實性。拉瑪納．馬哈希說：「停止當知者，然後就完美了。」我常常告訴學生，我希望他們上完我的課之後，知道的比他們來上課前更少。我還鼓勵他們忘掉話語，讓話語背後的真理繼續在內心共鳴，在頭腦層面之外共鳴。

呼吸與體會

即使是本書，也充滿了可能造成困惑或誤導的文字和概念。不要太認真看待這些話，也不要緊抓著不放。只要讓這些話在你內心共鳴，然後丟掉它們。我最深的願望是你放下這本書時，比你打開本書時，知道的更少。不知道的過程就是通往智慧的道路。

對新時代的批評

任何關於靈性信念的討論中，新時代（New Age）都值得特別一提，因為它傾向於採用基本的靈性真理，以此服務靈性「自我」。舉例來說，閱讀迪派克．喬普拉（Deepak Chopra）這類作者的書，你會找到以最清晰的方式表達最深刻的靈性原則，然後看到某個部分教你如何運用他信奉的技巧和教導來增加你的財富和壽命，突然間，不二論教導變成改善自我的專書。當然了，如果你尋找的是更好、更健康、更富有的你，他的教導就沒有問題。

不久前，朋友和個案都催促我看一部電影「祕密」（The Secret），內容是好幾位新時代的老師見證被稱為「吸引力法則」的形而上原則的力量。基本上，它的信念就是透過自己的想法、感受和期待來創造自己的實相。根據這個法則（新時代哲學的核心），如果你的願景是看到財富、健康和幸福，不只是用頭腦看到，而是用你的整個存有看到，那麼整個宇宙都會配合你，你必然會得到你想要的。

問題在於，除非是從最寬廣的角度來看，否則人生不必然照這種方式運作。對，它是真的，例如，你表現出愛和慷慨，就容易吸引愛和慷慨的回報。但你是否只要有夠強烈的渴望，就一定像好幾位介紹者所說的，會得到保時捷、配備游泳池的豪宅，或理想的配偶呢？不必然如此，人生在物質層面的展現，牽涉到太多因素了，而且大部分的因素都不是你能控制的，如遺傳、家庭環境、身體限制、前世的業，以及種族、性別和社經狀況的議題。我親眼看著一位靈性老師因胃癌而痛苦過世；另一位為了救他的小女兒而在泳池淹死；一位美麗而覺醒的朋友在四十二歲生日前幾天死於腦瘤。這些深刻的靈性生命遭遇如此難受或過早的死亡，難道是因為做錯了什麼，或是想錯了什麼嗎？

有些新時代老師堅決主張他們能藉著想像良好的健康，而預防或至少改變自己的死亡，但這種論點會挑起新時代的罪惡感議題。根據這種說法，如果你能創造自己的實相，那麼你若受苦，就必然有可責之處。根據這條思路的邏輯所得到的結論，你會相信所有那些貧窮、受傷、生病或寂寞的人，都沒有以充分的清明和心境為自己想像更好的生活，這種結論顯然是荒謬的。

此外，真的有人知道什麼是對你最好的嗎？雖然你可能渴望擁有豪宅、名車和成功的事業，但必然有一個更浩瀚、更複雜、更神祕的秩序在運作，是人的頭腦無法理解的，而這個秩序的運作可能不包括你渴望的結果。古語說：「你若想讓神發笑，就告訴祂你的計畫。」正直、富有、信仰虔誠的約伯失去自己珍愛的一切（他的財富、健康、子女），他向神哀嘆他的損失，抱怨他不應得到這種命運。神在旋風中出現在他面前，展現出神性深不可測的廣度與深度，約伯因這個景象而拜倒、謙卑，帶著敬畏跪下祈求。神似乎在說：「你認為你知道什麼是最好的嗎？多麼傲慢！只有我是全知全能的，我使心臟跳動、讓星球運轉，只有我能給予和拿取、創造和毀滅。」

你也許想用意識、存有、道或佛性來代替神，但重點仍是相同的：你認為是你自己的小小的我，其實並不知道什麼是對你最好的，你對生活的環境也只有很有限的控制力。靈性覺醒的重點不在於儘量增加財產、減少損失，而是脫離得失的執著，不論人生帶來什麼，都能在其中感到安詳與喜悅。

吸引力法則的信念所引發的最深層問題，也許就是「被認為創造你實相的那個你是誰？」當你對自己的真實本性覺醒，就能以全然的信心說你就是你自身實相的源頭。不是有限身心的你，而是浩瀚的存有、道、生命之流，會以其奧祕而無法預測的方式不斷創造和毀滅。在這個階段，你就會了解，生命帶給你的，正是你想要的，因為你沒有與生命分裂，也不再以別的方式執著於擁有它。

知道的價值

不用說，在因果的相對世界中，某些種類的知識是非常寶貴的。例如，如果你是醫師、律師、老師、電腦程式設計師或機械技師，就必須採用大量資訊，才能做好你的工作。如果你想回覆電子郵件或在網路上搜尋，就必須對電腦有足夠的了解，才能達到目的。相較之下，概念知識無法揭示你是誰，但在你的追尋中，可能可以幫助你找到方向。

金恩．克蘭常說，概念的了解可以為你提供真理的「幾何圖像」，他的意思是指一個地區的正確地圖，指出超越概念的真理的明確指標。無論如何，這張地圖終究只能帶你到這麼遠，帶到體悟的邊緣，但無法再更遠了。它只能把你帶到斷崖邊，你必須自己落入斷崖才能覺醒，你必須在某一刻被真理本身「佔領」。當你覺醒時，你在概念上的認識就消融成「存有的認識」，這是屬於心的鮮活、非概念的知道。

拉瑪納・馬哈希以簡單的方式說明：教導就像撩撥火團的木棍，使火繼續燒下去，等火勢夠旺，不需要照顧時，就可以把木棍丟入火中，讓它一起燃燒。所以像本書之類的書籍，如果能點燃你心中的真理之火並保持火勢，就具有一些價值。但到最後，你必須放下所有概念，即使是最正確的概念，然後消失到心中更深的智慧。

※不知道與頭腦混亂或遲鈍，有什麼不同？我的禪坐有時好像一閃即過，而我什麼也不記得，好像迷失在霧中一樣。

我所說的不知道完全不是混亂或遲鈍，而是清晰明亮的，對發生的事覺察而清醒，不受任何使經驗模糊的概念所干擾。不知道是超越頭腦的無限寬廣，但混亂和遲鈍則只是短暫的心理狀態。當你坐著，對發生的事（包括來來去去的心理狀態）要保持警覺與同在。附帶一提，當你與經驗成為一體，沒有獨立的小小自我在掌控時，你的禪坐也可能好像很快就過去了。

※我覺得自己比較認同我的感受，甚於我的思緒或信念。這種徹底的靈性

途徑要如何應用在我身上呢？

如果你認同你的感受，它們的作用就會像過濾器（就如信念一樣），使你與直接、沒有媒介的生活經驗分離。在某些圈子裡，感受比思緒被賦予更多的肯定，但大部分的感受是出於童年學會、受到制約的反應模式，以及緊緊抓住的信念，認為生活應該或不應該怎麼樣。如果你覺得自己的傾向這麼強，可以嘗試挖出感受之下隱藏的想法和故事。無論如何，不知道的意思是清晰地觀看生活，不受情緒和概念的過濾器影響。當然了，感受自然會來來去去，就像思緒一樣，如果你不認同它們，它們就不會成為問題。

※如果丟棄所有靈性信念，我擔心自己沒有指引行為的道德羅盤。難道倫理原則不會使我們避免以全然自私的方式行事為人嗎？

在相對、日常的層面，倫理原則有助於指引我們的行為和維持社會秩序。但長久看來，倫理原則所根據的靈性信念容易造成更多痛苦，因為它們會把「我們」與「他們」分開，把善良與邪惡分開，把被拯救的人與被咒詛的人分開，不斷爭辯事情應該怎麼樣。即使是最仁慈、崇高的信念，也會把我們與生命原貌的奧祕分開。你越把信念放到一旁，直接與生命相會，沒有爭辯或努力，就越能找到自然的回應，這是本質上就溫柔、關愛、符合倫理的回應，不需要靠靈性的世界觀來維持。當然了，如果你要堅持你的靈性信念，我也不想把你和它們分開，我只邀請你仔細檢視它們，看看它們會如何影響你。

覺醒的呼喚

少了你的靈性信念，你會成為什麼人？

撥出十五到二十分鐘做這個探索。列出你最重視的靈性信念。首先，你可能很難辨識它們，因為你不認為它們是信念，而是真理。無論如何，任何對實相的觀點或詮釋，不論看起來多麼真實，只要是你可以用語言闡述的，都只是信念，是可以質疑的。

現在，找出五個最重要的信念，開始逐一詢問：

我真的能知道這個信念是真的嗎？

堅持這個信念會如何影響我？

當我抱持這個信念，我會怎麼對待別人？我會怎麼對待自己？

我的身體做何感受？我覺得更輕鬆、自由、寬廣嗎？還是覺得更沉重、濃密、緊縮呢？

這個信念保護我不會產生什麼讓我害怕的經驗或感受呢？（也許是內在的空虛感、缺乏感，或是對未知的害怕。）

這個信念如何幫助我為自己建構出一種靈性身分呢？

沒有這個信念時，我會成為什麼人？我的生活會是什麼樣子，我會有什麼感受，我會如何對待自己和別人？

輪流對每一種信念提出這些疑問，然後注意答案會如何影響你。

第四章

當下的練習

你的消失，就是你的當下。

——金恩・克蘭

我學習禪學的早期，有機會接觸到三位卓越的老師：鈴木俊隆（Shunryu Suzuki）是最早到西方教學的禪學大師之一；乙川弘文（Kobun Chino）在大瑟爾鎮（Big Sur）附近的塔薩耶拉禪山中心幫助鈴木禪師建立修行制度；以及在西方建立第一所佛教大學的西藏上師丘揚．創巴。這三位大師的教導不只透過語言，也透過他們靜默當下的力量，這三人各自的教授方式都與傳統很不一樣，都願意調整形式，以配合現代西方學生的需要。特別是乙川弘文，我從他得到指示，要找到我自己的方式，不要受限於傳統，我如今也把這個指示傳遞給我的學生。他常常說：「永遠不要稱自己為佛教徒。」

乙川弘文和創巴是好朋友，兩人都是造詣頗深的書法家。一天下午，兩人在朋友家的客廳喝茶，分享書法，現場還有幾位乙川弘文的弟子。一位老師先旁觀，另一位則攤開一大張紙，優雅地跪著書寫一些靈性智慧的話語（創巴用藏文，乙川弘文用日文），然後翻譯所寫的話。過一會兒，就換另一位老師來寫。沒一會兒，這種交流就變成有趣的佛法論戰，禪宗和藏傳佛教都常有儀式化的教義辯論，由一方回應另一方所寫的話。

有一次，穿西裝打領帶的創巴傾身寫下「正念是所有佛陀的道路」

（Mindfulness is the way of all the buddhas），強調傳統佛教修行的基礎：一刻接一刻專注的覺察。穿著袈裟的乙川弘文把寬大的袖子壓在手臂下，拿起一隻大毛筆，沾滿墨汁，停頓一會兒，然後以淘氣的動作寫下「偉大的無念」（Great no mind），引起哄堂大笑。

禪宗故事常有這種兄弟情誼的較勁，這次交流是典型的例子。除此之外，這次交流也指出兩種對靈性展現非常不同的態度。根據傳統佛教的觀點，你需要以極大的投入和勤奮，在每一刻練習專注的覺察，逐漸發展銳利的洞識，才能看穿獨立自我的幻相。在過程中，你被期待培養出正向的特質，比如耐心和慈悲，並儘量減少或完全消除不受歡迎的情緒，如生氣和害怕。帶著足夠的覺察來禪修，並培養出足夠的美德，你就逐漸把自己轉化成佛陀。

禪宗常常採取直接的途徑（但不是一定），從這個觀點來看，原來的你就已經是佛陀，禪修是展現你無限、光輝、本然佛性的機會，也就是乙川弘文所說的「偉大的無念」。（順帶一提，乙川弘文和創巴對這個議題的看法並沒有兩極化，他們只是分享兩種觀點的相互欣賞。）無數公案和故事都可見到這種對比，例如下述中國唐朝的故事：南岳懷讓禪師看見學生馬祖道一終日努力坐禪，他感覺到這位年輕和尚的舉止顯示出某種抱負和決心，於是悄悄走到他後面問道：「你在做什麼？」

馬祖自豪地回答：「我想成佛。」

於是懷讓拿起一塊磚在地上磨擦。

馬祖聽到聲音，於是問：「你在做什麼？」

懷讓說：「我想磨磚做成鏡子。」

就像這類故事常有的結果一樣，馬祖覺醒了。正如地磚就是地磚，無法做成鏡子，你本來就是原來的你，不需要練習成為它。

正念的限制

乙川弘文和創巴的交流也指出，心的工作有兩種非常不同的途徑。在正念的練習中（這是當代西方很流行的方法，不只見於靈性道路，也成為減輕壓力、增加福祉的世俗技巧），會仔細、慎重地注意經驗在一刻又一刻中的改變與展現；有時把它比喻為貓追老鼠，或像母親照顧新生兒。經過數月到數年的規律練習，心就能嫻熟地釋放過去和未來的分心之事，專注於現在的經驗。

但以這種方式注意經驗的細節，會有變得過度努力和勉強的危險，就如其名稱所暗示的，會強化獨立自我的幻相，從遠方輕視現實，嘗試保持正念。事實上，正念（mindful）就是把心裝滿（mind-full），只會在見證的心強化局部的能量和注意，突顯主體與客體、自我與他人之間的裂縫，而覺醒則是要封閉這個裂縫。心可能變得精通於專注，想像自己是精湛的禪修者。可是，真正的禪修實際上完全與心無關，而是一直正在發生的，只需要被允許，而不是被創造。

我花費數年在禪墊上努力覺察呼吸，終於發展出一次可以連續數小時坐著而不改變專注焦點的能力，但我的坐禪是乾枯沒有生命的，就像一根枯枝，從任何角度來看，都沒有洞見、覺醒或自發性的跡象。鈴木禪師說：「在初學者的心中，有許多可能性；在專家的心中，只有少許的可能性。」在成為禪修專家的過程中，我的心逐漸變得僵化而狹隘，失去了初心的純真、開放與鮮活。

在我早期禪修的日子，初學者的心曾使我喜悅、得到滋養。

在一次特別的密集禪修中，我還記得自己發揮平常全力以赴的態度來專注，突然發現整個過程如此好笑，因而放聲大笑。我的心在此忙碌地努力禪修，而我一直被一種靜默環繞，如此深刻，連我的骨頭裡面都感覺得到。終身的禪修習性像一層老皮蛻去，展現出此刻自然直接的當下。我不需要禪修，禪修一直在發生，我只需要放下，然後加入它。沒有要去什麼地方，沒有要做什麼事，也沒有什麼竅門花招，只有不可分割、難以言喻的當下。最後，我的心放棄嘗試，只有那麼一瞬間，我偶然遇見了真正禪修的入口。

當我終於對我的根本性質覺醒時，回顧過往，才了解我在開始修行時純真、開放的覺察，其實和後來透過我向自身覺醒的寬廣開闊、包含一切的覺察，是完全相同的。其實這個不可分割的覺察就是所有禪修指向的自然狀態，就是我在密集禪修巧遇的深邃靜默。它不是我能編造或發展出來的，它就是一直從這雙眼觀看、從這雙耳諦聽的意識。但我繞了非常迂迴的道路才發現它，耗費數年培養正念以展現「偉大的無念」，弔詭的是，它不曾有一刻不存在。

當下的練習

就如我最終發現的，頭腦不可能禪修，雖然它可以做出很好的模仿。在不斷努力保持控制的過程中，頭腦會閱讀很多書籍，成為修行的行家，很諷刺地使自己得以「安靜」下來。但到了最後，頭腦創造或達到的狀態：寂靜、安詳、慈悲、洞識，都只是心智活動的各種形式，與你根本性質真正的安詳與寂靜完全無關，後者是超越心智的，只能被展現，永遠不會被發展出來。印度聖人拉瑪納·馬哈希說：「你就是覺察，覺察是你的另一個名字。既然你就是覺察，就不需要達到或培養它。」換句話說，你是歡迎一切的空間，讓實相在其中展現自身。沒有這種覺察，任何事物都不會存在。

除了以正念注意你的呼吸和其他特定的感官經驗之外，我提供另一種選擇。我推薦的另一種方法可以用在坐禪和日常生活中，就是當下的練習。這種方法並不是把你的覺察像雷射光一樣集中在特殊的對象或活動，而是打開覺察，使之像天空一

呼吸與體會

一開始先靜靜坐一會兒，然後大大打開你的覺察力，歡迎每一件生起的事，不帶評斷或抗拒。不要嘗試以任何方式控制或操縱你的經驗，只讓每一件事如其所是。你雖然放鬆，但很警覺，留在當下而不著迷。你對這種體驗真實的方式可能全然陌生。請花幾分鐘在靜默的當下坐著，注意它如何影響你。

樣，歡迎各種生起的經驗，就如天空歡迎雲朵，既不會忽略，也不會沉迷於雲朵。你不需要集中精神，而是放鬆與放下，允許每一件事如其所是，你沒有任何控制的企圖。你是警覺的，但很輕鬆自在，你完全活在當下，但不會對任何事物著迷。就如拉瑪納所說的，你無法編造當下，因為它就是你的所是；你只能站到一旁，讓它發生。任何努力都表示頭腦已介入。一開始，你可能發現這種練習令你困惑、不自在，因為頭腦較習慣集中精神、緊握不放，好使自己安全固守在已知的領域；它不願放鬆與放下，以避免因敞開而面對不熟悉又可能很可怕的未知。

我的吠檀多老師金恩．克蘭是受過一流訓練的小提琴家，他把當下比喻成聆聽的功能。聆聽時，你的覺察自然是全面、寬廣、接納的，相對於視覺對象，頭腦較不容易對聲音集中或沉迷，而是沒有挑選和取捨地敞開。金恩喜歡說：「只要向開闊敞開。」這種完全開放和接納的特質，就是意識本身的性質，它歡迎原貌，沒有抗拒或偏好。最終，當下不再是練習，不再是你做的某件事，而是自然消融於意識、無條件的當下，沒有獨立存在的某個人。金恩說：「就像獨自在沙漠裡，起初，你會聆聽聲音的不存在，稱之為靜默，然後可能突然被寂靜的當下抓住，你在此與聆聽本身成為一體。」獨立某人並不存在的體悟，就是當下練習的最終成果。金恩常常觀察到「你的消失，就是你的當下」。

當然了，佛教的正念修行也想要引到相同的體悟，但它可能反而會強化頭腦的細微控制。我有位朋友是長期的禪宗學生，也是亞歷山大技巧的老師（這是一種關於姿勢和呼吸的精細取向），他提出一個看法，認為佛教的核心修行「觀呼吸」原本的目的其實是把人帶到放下的境界，體悟自己不是在呼吸，而是呼吸的內容，也就是說，只有呼吸的存在，並沒有一個正在呼吸的獨立某人。以鈴木禪師的話來說，就是「我」只是一扇搖擺的門，在吸氣與呼氣時移動。可是，在現實中，正念的修行往往變成一種競賽，看看獨立的某人能多麼「正念」。

要不要禪修

直接途徑的整個歷史中，包括禪宗、大圓滿和不二論吠檀多的傳承，常有關於禪修的相對功過的辯論。一方堅持你已經是光輝本質的完美表現，這是你的原貌，任何刻意去做的禪修，都會使人與自己一直以來的原貌分離，強化有個目標需要達到、有某個人在禪修的幻相。另一方則堅稱，即使你的原貌是理想完美的，仍需要禪修來體悟這個事實（關於這個矛盾，詳見第一章）。當代許多不二論的中堅分子相信，任何修行方式都與悟道對立，因為這些方式會形成一個其實並不存在的行為者。相對地，許多投入禪宗的修行人則認為，規律的禪修是開悟的必要條件。

這個古老爭議最著名的表現，可說是中國禪宗六祖慧能的故事。慧能原本是南方偏遠地區不識字的樵夫，年輕的他在進入禪寺出家前，聽到《金剛經》的內容「培養不住在任何地方的心」〔譯註〕就開悟了。五祖雖然立刻發現慧能的絕頂清明，仍然讓這個年輕的新手到廚房做劈柴洗碗的苦工，因為老師不想為了承認他而打亂禪寺的階級。最後，五祖請弟子以詩偈呈現自己的認識，希望這種比試有助於分辨真正的繼承者。大弟子在寺院牆上寫出下述詩句：

身是菩提樹，
心是明鏡台。

〔譯註〕原文為「應無所住而生其心」。

時時勤拂拭，
莫使惹塵埃。

這首詩的意思是我們需要按時修行，以清除心中阻礙真正本性的負面情緒和習慣模式。

年輕的慧能聽到其他僧人傳頌這首詩偈時，知道它表現出來的體悟仍不夠徹底，於是請人寫出下述的答辯：

菩提本無樹，
明鏡亦非台。
本來無一物，
何處惹塵埃？

換句話說，你的真實本性原本就是空無、純淨的，不可能有一刻被遮蔽，所以，怎麼可能需要禪修呢？不用說，這首詩得到五祖的印證，於是暗中指定慧能成為繼承者。

當然了，許多老師同時接納兩種觀點，矛盾地主張真實本性的祕密可能已經打開，但仍是祕密，除非你使它成為自己的經驗。道元禪師在七百多年前寫下：「道基本上是完美而滲透一切的，怎麼可能會依賴修行和體悟呢？」他接著勸說，但只要你的心仍被執著與偏好所迷惑，就需要透過禪修「退後一步，把你的光轉向內，以照亮本體我。」

根據二十世紀印度聖人拉瑪納・馬哈希的看法，只有本體我獨自存在，分裂的對象只是意識的虛幻劇碼。從這個觀點來看，沒有什麼是要修行的，也沒有要去任何地方。他常說：「超越什麼？被誰超越？只有你存在。」但拉瑪納也了解大部分人受苦是因為他們還沒有體悟自己是誰，他會根據尋求者的需求和成熟度，教導各種修行方法。他認為有些人可以從靜坐和自我詢問中獲益，有些人可能較適合禱告或持咒。對於少數已經站在覺醒邊緣的人，他只提供直接的話語指導，以及他在當下的深邃靜默。

金恩・克蘭指導學生時，不會要人養成禪修的習慣，而是讓一直存在日常生活喧囂背後的真實靜默逐漸吸引他們，他說：「當你對靜默的懇切邀請有所回應時，就可能被召喚來探索這個邀請。」否則，禪修只會引發暫時的心理狀態，一種強制的平等心，當禪修結束後也必然跟著結束，而不是住在無始無終的靜默裡。金恩把禪修比喻成實驗室，你在靜默邀請你時進入，唯一的目的是找到禪修者。刻意去做規律的禪修，只會製造出你對未來結果的期待，強化禪修者的虛假身分。當你最終體認禪修者只是想像中虛構的事，用思緒、感受、影像和記憶編造出來的，你就不再需要實驗，覺醒已成為你持續不斷的真實。

至於我，我會呼應尼撒哥達塔的勸告：「如果你正在做它，就做；如果你沒有做它，就不要做。」如果你受到靜坐的吸引，就尊重你的動力，如果你對禪修沒有興趣，就不要覺得有義務去做。無論如何，不要因為你認為必須禪修而禪修，並注意頭腦製造出哪些信念和故事來解釋你選擇的道路。事實是，你關於禪修所告訴自己的故事，其作用是產生獨立的禪修者，例如：「我現在抓到要點了，我真的

呼吸與體會

當你放下本書，過你的日子時，讓自己受到靜默的吸引。當你的頭腦在沒有任何明顯理由的情形下暫時停止時，請自覺地融入思緒之間的靜默，讓靜默擴展，而不是再次努力填滿你的頭腦。當你感覺到這個靜默的當下時（在所有喧囂之下，靜默一直隨手可得），請把手邊的事停下一會兒，享受靜默。

做得很好」，或是「我完全不知道如何禪修，我永遠無法覺醒」，甚至是「我再也不需要修行，我已超越它了。」最後，你對這些故事的執著才是唯一使你與真正的禪修、所有字句背後的深邃靜默分離的東西。拉瑪納．馬哈希說：「體悟已經在此，需要的只是丟掉『我還沒有體悟』的想法。」這些想法和故事會像奧祕而深不可測的本體我大海上的波浪一樣升起又落下。你也不需要丟掉它們，只要看著它們的原貌，然後，不論你選擇要不要禪修，跳進去！

把自己安頓在自己之上

你可能已注意到，我一方面用「禪修」這個術語來指與原貌同在的靜坐練習，同時也用來指無條件覺察或當下的自然狀態，這是一直以來已經正在發生的。終究來看，如果你的靜坐沒有巧計和努力，一方就會消融於另一方，主體和對象的裂縫會消失，只留下當下。這個無法分開的不二當下是你的自然狀態，它一直可以在此時此地取用。多少世紀以來，許多老師發現放鬆、不出力的靜坐，似乎特別適合使你向覺醒的可能性敞開。

這種靜坐其實很單純，單純意指不複雜，但它絕不容易，因為即使是最單純的活動，頭腦也喜歡把它複雜化。其實禪宗所說的「只管打坐」被認為是佛教傳承中最高等精微的修行，正因為它是如此單純。雖然我在討論當下的段落詳細描述這個方法，也在本章末「覺醒的呼喚」提供指導，但我認為從多年來感動我的老師和經典引用一些具啟發性的話，可能會有所助益。你讀這些話和我的註解時，請注意哪些話對你產生最深的共鳴。這些話最終都指向完全相同的地方。

- **「培養不住在任何地方的心」（應無所住而生其心，《金剛經》）**：這是關於無條件當下最清楚的描述之一，這些名言來自非常被禪宗尊崇的佛教經典，你讀的時候會有自我解構的作用。這段話也可以輕鬆地讀成「沒有培養，沒有心，沒有住，沒有地方。」就是這樣！只要心不再居住或執迷，實相就自由地如其原貌，而痛苦和抗拒就結束了。結果就是真正的禪修。
- **「沉著地把自己安頓在自己之上」（片桐大忍〔Dainin Katagiri〕）**：這句話來自我出家時的一位老師。這句話對理性頭腦沒有意義，但能引發深層、靜默、堅定不移的靜坐。其實，當自己安頓在自己之上，自己就消失了，實相會如其所是地綻放。片桐禪師在自己的禪修中，展現出這句話的真實性。

● **「沒有思緒，沒有分析，沒有反省，沒有意圖，沒有培養。讓它安頓自身。」（帝洛巴〔Tilopa〕）**：這位偉大的西藏上師並不是傳授技巧，而是透過消去法來指導，主要是勸人不要做他那個時代（以及我們這個時代）禪修中常見的任何心智操縱，要棄絕方法，讓禪修自己發生。只要你放手，心自然會安頓。就像水池中的污泥，只要停止攪動池水，自然會沉到池底。

● **「你必須做的就只是找到你的源頭，把你的司令部放在那裡。」（尼撒哥達塔）**：當然了，這句話說得比做得容易。找到你的源頭就等於對你的原貌覺醒，但只要你瞥見你的源頭，就要盡可能留在那裡，不只是禪修時如此，也包括整天的生活。金恩·克蘭勸人要在每一刻活出你的認識。阿迪亞向提也勸說，要為你體悟的真理服務。

● **「在真正的禪修中，重點在於成為覺察，不在於覺察對象，而在於像原初**

的覺察本身一樣安住。」（阿迪亞向堤）：當你放鬆下來，讓一切如其所是，執迷於對象的覺察傾向也會自然放鬆下來，覺察就會自發地覺察自身。真正的禪修是一種回家，你立刻認識這個地方，你存有的每一個細胞和纖維都會輕鬆地放下、放鬆。

禪修能量學

當下的練習雖然看似抽象，其實是非常感官的，需要全心注意身體的經驗。清楚地感知原貌，不受概念的干擾，其實能提供強而有力的管道，通往永恆的當下，就如艾克哈特．托勒（Eckhart Tolle）觀察到的情形。我再重複英國神祕主義詩人威廉．布萊克的話：「如果知覺之門得到潔淨，萬事萬物都會向人顯現原貌，無限。」

當覺察淨化自己，自然安頓在自己之上，可能會出現顯著的能量和身體經驗。你覺察的所在地（亦即你的覺察易於停留的位置）可能會從前額（新大腦皮質的位置）轉移到後腦，然後到身體較低的部位，通常在你的心臟或丹田

（人體的重心，約在肚臍下兩吋）。你可能發現自己越來越從心和腹部發出行為，而不是從思維的頭腦出發。你也可能經歷激增的能量從脊椎上升（拙火），或是全身有更微細、非常快樂的振動（極樂）。靜靜坐著時，你可能注意到思緒和感受通過身體、釋放出去，沒有留下任何沉重或不舒服的感覺。除此之外，你也逐漸發現你的內在經驗不再像以前那樣抓住你，不再造成同樣的壓力和緊繃，你覺得更輕快、更寬廣、更平靜、更愛人，同時也更不受束縛。

但要小心，不要對這些能量經驗的意義做出過度解釋。它們就只是經驗，不必然表示已經發生靈性的覺醒。你也要小心，這種真正的能量經驗是無法編造出來的，只能是當下自然展現時的一種表現。

最後，禪修是極為單純的：只要坐下，讓一切如其所是。任何操縱或鎮定心靈或使禪修發生的企圖，都只會阻礙真正禪修的自然狀態。拉瑪納．馬哈希說：「保持你的原貌，不要帶著疑問或懷疑；那就是你的自然狀態。」這些智慧的言語會為自己說話，重要的是記住他所說的「你」涵蓋了一切，沒有例外。終究，「只有你存在。」

※你對禪修提出尖銳的批評，但它不能為當下的練習做好準備嗎？

也許可以，但我納悶為什麼需要做任何準備呢？只要與原貌同在就好了，這是很直接的，不需要任何準備。

※但我能如何處理我的頭腦，使它安頓下來呢？

頭腦需要安靜下來的看法，只是禪修進步之道提出的另一個靈性信念。這是頭腦設計來轉移注意力的策略，頭腦喜歡與自己打仗。你可以盡一切所能努力嘗試，仍永遠無法讓頭腦安頓下來的。事實上，你為了使它安靜所做的一切努力，只會使它更激動。還不如讓頭腦做它所做的事，而你安住於原初的覺察，這是不會受到頭腦的煩亂所干擾的。頭腦的本質就是要動，但你不是你的頭腦，你是無限、靜默、無法理解的當下。矛盾的是，如你所料，當你不打擾頭腦，頭腦反而容易自己安靜下來。

※我的頭腦掌管我的生活，它一直很忙碌，不讓我休息。

你受苦不是因為頭腦如此活躍，而是因為你認同頭腦創造出來的劇碼，認為它就是你是誰的真理。與其和頭腦搏鬥，還不如覺察頭腦大量製造的信念和故事，然後詢問它們的有效性，就如我在第三章末的「覺醒的呼喚」所描述的方法。

※你所說的「受邀」坐禪，和我認為自己應該坐禪，要如何區分兩者的不同呢？

日常生活會有一些時刻，你的頭腦會自然停止，而開啟一個空無的空間或縫隙。在這個空間裡，你會隱約體驗到超越頭腦的寂靜和靜默。請不要努力保持忙碌，不要急著馬上填滿這個縫隙，要讓靜默和寂靜吸引你。享受這些空無、一無所有的時刻，溫柔地允許它們擴展。這就是你被邀請來禪修的情形。

相對地，當你看著手錶說：「喔，每日禪修的時間到了」，或是更中肯的說法，當你判斷自己的頭腦太忙碌，需要做點什麼來使它安靜時，就是出於你認為自己應該禪修而禪修。當你有「我現在應該禪修」這種想法時，就問自己：「當我認為禪修會提供什麼時，我的經驗錯失了什麼？」然後再問：「我真的需要努力才能找到它，還是它在此時此刻就是可取用的？」

聆聽的練習

為這個探索撥出十到十五分鐘，一開始先閉上眼睛，舒服地坐著，可能的話，坐在靠近大自然的場所，比如花園或公園，或至少是在只有背景聲音的地方，比如冰箱的嗡嗡聲、車流的隆隆聲或鳥叫聲。確定你接下來不會受到人聲、音樂、收音機或電視的干擾。

現在打開你對四周聲音的覺察，不要集中於任何特別的聲音，也不要從一種聲音跳到另一種聲音，只要把你的覺察像照相機的鏡頭一樣打開，用你的整個身體，不只是雙耳，去聽聲音的演奏。讓聆聽發生。在這種擴展而全面的覺察中，聲音會來來去去，替換與變化。一切都發生在你裡面。

保持輕鬆、放下，允許聆聽的發生。如果你的覺察習慣集中某個聲音，或在不同的聲音間跳躍，就讓它如常進行，你只要繼續在全面的覺察中放輕鬆。你可能發現你自然會涵蓋其它感官：身體與椅子的接觸，空氣與皮膚的碰觸，胃的咕嚕攪動，心臟的跳動。只要繼續容許演奏如其所是，不管怎樣都不要努力注意什麼。

最後，獨立經驗者的感覺可能脫落，只剩經驗留存，在主體和對象間沒有分裂，就是這樣！

當你繼續允許經驗發生時，你可能發現經驗生起於無論如何都無法被經驗的無限寂靜與靜默，這就是你的本體我、無條件的當下、獨一無二的意識、所有經驗的來源。你永遠無法用頭腦認識它，只能在意會中成為它。

當你放鬆地進入你一直以來已是的靜默當下，允許一切如其所是。

第五章

當下經驗者是誰？

在亞伯拉罕以前，我是。

——拿撒勒的耶穌

當你對事物的原貌更放鬆、開放、活在當下，更沒有抗拒和掙扎時，有時可能發現獨立自我感變得較輕、較弱，甚至完全消失。表面上正在練習當下的這個人，消融成無條件的當下，覺察和覺察的對象在其中成為一體，不再有某個觀看者和某個被觀看的東西，只有這個單一、無縫、不二的實相，就是這樣。中國詩人李白如此描述它：「我們一起坐著，山與我，直到只剩下山。」〔譯註一〕同時，你可能經驗到一種存在一切背後的深邃靜默與寂靜，比你平時認為自己所是的思想和感受都更真實、更實在。

這種閃現的靈光就是你向超越時間的靈性本質覺醒的序幕，可能使你的胃口變大，想要更深刻、更清晰的啟示。事實上，持續練習當下，會在某個時刻變得自然而不費力，最終可能綻放出對你原貌的全然認識，覺察會在其中知道自己就是無限、難以理解的靜默、開放，以及萬事萬物從中生起的空間。你也可能沒有經過任何形式的修行或尋找，就出乎意料地突然覺醒。不過，覺醒的過程往往包含某種形式的刻意自我詢問，某種嘗試發現自己是誰的意圖。

探討獨立的自我

〔譯註一〕作者可能是引用〈獨坐敬亭山〉詩中的「相看兩不厭，只有敬亭山。」

拉瑪納・馬哈希稱為「我－想」（I-thought）的獨立自我感即使一次又一次的脫落，仍然非常頑強，會不斷堅持控制你的生活，除非你斷然而徹底地發現它並不是真正的你。你可能曾經在堅實而連續的自我幻相中經驗到縫隙，空間與開放在這個縫隙中展現自身，但你還未體悟它就是你的真正本質。你仍然一再返回你習慣設定的身分，認同身體、頭腦和人格。在覺察向自己覺醒之前，這個開放仍只是奇特的靈性經驗，還不曾綻放成你的存有真理。

畢竟，你已耗費整個人生來認同一套特別的個性、情緒、記憶和信念，以及一個特定的生活史，難怪這個身分對你而言如此自然，沒有絲毫質疑。你生活中其他的人也會強化這個身分認同，與你一致認為你是世上某個獨立的人，擠身在許多其他獨立某人之中，彼此互動、共同存在。「我－想」認為自己擁有每一個經驗和行為，並使之看似屬乎個人、集中此身，在這個稱為我的身－心之中。但徹底的靈性提出另一種可能，認為獨立某人並不是真正的核心，只是一種建構，是存有大海表面的另一道波浪，而當下的練習或可讓你瞥見這個大海，這個更深的實相。下一步就是自我詢問。

自我詢問使你有機會把你的覺察之光從外在事務轉向內在經驗，探討獨立的自我。它真的存在，有如前後一致、連續不斷的實體嗎？或只是思想、感受、記憶和影像的組合呢？如果它只是一種組合，一種建構，那麼你到底是誰？自我詢問時，通常始於尋找你是什麼，但會結束於發現你不是每一件事：包括你的身體、你的感官經驗、你的思想、你的情緒，直到你發現自己站在已知的邊緣、未知的懸崖。一旦頭腦在探索中耗盡自己（這就是自我詢問的目的），你就有機會體悟你是誰，這不是另一個思緒或經驗，而是活生生的實相。自我詢問的重點不在於理智的分析或了解，而是直接指向超越頭腦的存有真理，這是永遠無法被頭腦認識的。

為了便於討論，我把自我詢問分成三種動向或方式：自發的、正式的，以及轉語。這只是概念上的區分，用來討好喜歡分類和描述的頭腦。事實上，有多少個別的人，就有多少種自我詢問的方式，任何想發現自己到底是誰的真誠嘗試，只要你全心以待，都是有效的。

自發的自我詢問

當你完全體悟你所尋找的並不存在於表現形式之中，也無法在任何「外在」

經驗或狀態中找到時，會有一種存有的放鬆，並停止尋找。這是真正的「出家修行」，並不是禁欲或否認，而是因為你看見只有在當下才有全然的滿足。當這一點終於被頭腦承認時，就會出現一種放棄，注意力自然會用一種自發的自我詢問轉向自身。這種突然放棄尋找的時刻，有可能成為強而有力的指標，指出所有追尋的源頭，這個源頭有可能不需要努力或修行，就突然展現自身。

當然了，自發的自我詢問也可能只是長期探索的開端，最終會涵蓋其他形式的自我探索。例如，我有位學生談到他小時候打雪仗時，如何開始提出詢問。每當別人用雪球打他，對方會大喊：「我打到你了，我打到你了。」但他會回嘴大喊：「不，你沒有打到我，你只打到我的手臂或小腿或頭。」到某一刻，他領悟到不論別人打到他身體的什麼部位，都不可能真的打到「他」。這個矛盾的奧祕抓住他的注意力，他發現自己在疑惑：「這個無法被傷害的我是誰？」於是開始一生的自我詢問，最終引領他學習不二論吠檀多。

呼吸與體會

花一點時間注意你的身體，看著你的手臂或小腿，或感覺你的頭或臉，思索它們屬於你，卻不是你。即使是你的心臟或大腦，也是「你的」，但不是你的本質。下一步自然就是問：「那麼，我到底是誰？」

我自己踏入自我詢問的練習，是發生在青春期的某一天，我那時凝視鏡子，感覺有位觀看者在場，而他似乎與我是不同的。我帶著一股戰慄的恐懼想知道「誰正在觀看？」接下來幾個月，每當我看著鏡中的影像，就覺得腎上腺素激增，但我的好奇心已被激起，數年後，我開始學禪。

正式的自我詢問：我是誰？

最著名的自我詢問方式可能也是最直接的方式：練習提出「我是誰？」的疑問。這個方法因二十世紀印度聖人拉瑪納．馬哈希及其後繼者而普及化，這個疑問很自然地把覺察轉向自身，試圖找出是誰在覺察。身為人類，我們一再使用「我」這個字，好像我們知道它的意思，但「我」是誰、是什麼、在哪裡呢？你說「我看」、「我想」、「我做」、「我要」，但這個「我」是指什麼呢？你在你的生活中，賦予這個「我」終極的力量和價值，竭盡所能來滿足它的需求、保護它不受攻擊。但你真的知道它是什麼嗎？

要讓自我詢問的練習有效，你需要在某個層面認識「我」這個字表面上雖然是指身心，但其實指出某種更深的東西，或是更正確的說法，什麼都不是。

任何你能感知的東西，不論多麼親近，包括物質身體和組成心智的影像、記憶、思想、感受與信念所形成的集合，都只是感知的對象，不可能是感知者，不可能是「我注意、我思考、我感覺」的「我」。但誰是這個感知者、這個經驗者、一切對象的終極主體呢？這是「我是誰？」核心的真正疑問。

除了「我是誰（或我是什麼）？」你可能更想問「誰在思考這個想法？誰在感覺這個感受？現在是誰透過這雙眼睛在觀看？」這些疑問的重點不在於運用頭腦，因為頭腦必然會無止盡地啃噬疑問，就像狗咬著骨頭不放，卻沒有什麼營養。你要做的是把疑問丟入存有的寂靜，像一顆石頭丟入靜止的林中水池，讓它透過你的冥想發出漣漪，但不要試圖理解它。當池水再度平穩下來，再丟出一顆石頭，看看發生什麼事（所謂「平穩」，並不是指「沒有思緒」）。把任何概念性的答案放到一旁，比如「我是佛陀」、「我是意識」或「我是光的靈性存有」，然後回到疑問。這些答案在某個層面雖然是真的，但無法滿足你對靈性需求的飢渴，就好像巧克力的圖畫無法滿足你對甜食的渴望。只要持續自我詢問，就可能發現疑問開始燃燒，你會發現自己不只在禪修時詢問，而是在一整天之中隨時突然詢問。拉瑪納・馬哈希建議：「如果分心，就立刻提出這個疑問：『這些雜亂的思緒是對誰生起的？』」

你要熱烈、全心地提出詢問，但不要執迷或費力，也不要成為自動或習慣反應，好像有人說每日服用維他命對你的身體好，你就照做。同樣地，只有在詢問的基礎建立於歡迎當下的身體經驗時，才可能有豐富的成果，否則就只會強化分裂感和脫離現實感。金恩．克蘭說：「如果沒有這種歡迎的開放，沒有全面的感受和敏感度，『我是誰？』就仍只是理智的詢問。如果要它成為鮮活的詢問，就必須在存有的每一個層面傳遞疑問。鮮活詢問中的開放，就是鮮活答案的入口。」你越真誠想要知道你是誰，越深入地持續觀看，不受限於頭腦大量製造的答案，疑問就越容易在某一天展現答案。答案不是一種特殊的想法或經驗，而是所有經驗的根據，這個根據是超越時間、永不改變的。

除了詢問「我是誰？」還有另一種選擇，你可以採用拉瑪納．馬哈希的建議，把注意力集中在經驗背後的「我」或「我是」的主觀感受，直到經驗本身（思考和覺察的對象）退入背景，只剩下「我」。如果你能保持這種「我」的覺察，個人的「我－想」就會消融到本體我的直接經驗之中。拉瑪納說：「『我是』就是目標與最終的實相。用力抓住它時，是詢問；當自發而自然時，就是體悟。」

自我詢問就像任何練習一樣，如果你把它看成逐漸達到遠方某個目標的道路時，也有成為進步之道的危險。請記得你不是試圖發展、操縱或培養任何特別的心理狀態，以到達某處或成為你所不是的某個東西。而是提出詢問，讓當下浮現回應，然後放下它。疑問可能一再重複出現，但要抗拒把它變成一種「修行」的誘惑。

正式的自我詢問：公案練習

禪宗的故事與稱為公案的謎語，雖然比直接詢問「我是誰？」更令人難以理解，但也是透過讓頭腦打結，強迫它放下，讓真理能從層層思緒背後浮現出來，而導向相同的體悟。「無」和「本來面目」之類的基本公案，都是設計來喚醒你的內在佛性，而更進階的公案則引導你在各種處境表現你的佛性。一般說來，正式的公案練習必須在已經解決公案的老師直接指導之下進行。

最著名的基本公案之一：「在你父母出生以前，你的本來面目是什麼？」可以使頭腦停止慣常的思路，立刻把詢問從熟悉的已知領域轉移到未知的層面

（可能是根本無法知道的層面）。畢竟，你認為是你自己的這個人，在你父母出生以前，並不存在，所以這個公案可能在頭腦裡出現什麼臉孔呢？其實，根據現有的證據，你甚至不能說你曾經出生，身心的誕生只是一個故事，只是你父母腦中的記憶（或甚至連這個也不是），而真正的你的誕生只是一個沒有參考點的方便說法。你的本來面目顯然就是「我是誰？」中的「我」。你可以用完全相同的方式處理這個公案。

在禪宗臨濟宗的漸悟取向中，「無」的公案被當成難以克服的障礙，是每一個學生都必須通過，才能達到「見性」的。（整個公案的過程是這樣的：一位和尚詢問趙州禪師：「狗有佛性嗎？」趙州回答：「無。」）我還記得在密集坐禪中，每一個參與者都必須大聲發出「無」的聲音，而帶領的僧人拿著長棍在禪堂巡行，敲打學生的肩膀，大喊「死在你的禪墊上」，以激勵大家覺醒。

這種取向的問題在於，覺醒很少是這種全心努力所發生的結果，其實它似乎完全不是任何事產生的「結果」，而放鬆通常比壓力和努力更有助於導向體悟。此外，不同的公案或疑問會在不同的人身上產生共鳴，並沒有千篇一律適用於每一個人的方法。最近有一位修習臨濟宗多年的女士找我諮商，她因為沒有成功通過「無」的公案而深覺羞愧、自認能力不足。我們討論後，明顯看出這個公案對她毫無意義，因為沒有引發任何真實的興趣或好奇，但她因為老師的要求而一再修習。我鼓勵她找出一個真正吸引她的疑問，不要一直用頭去撞無益的舊牆，她非常感激，鬆了一口氣，忍不住開始哭泣。

我的第一位禪學老師乙川弘文一直鼓勵學生規畫出專屬於自己的鮮活疑問，偉大的日本大師道元禪師強調，要欣然接受日常生活出現的公案。其實生活一直提供機會，不只可以發現你是誰，更能發現如何在每一個活動中表現出你是誰。能抓住你、引發你對真理充滿熱情的疑問，必然是最能引發自我體悟的疑問。例如，早年失去母親或父親的經驗，也許能在你心中喚起尖銳的疑問：「誰過世了？」或是強烈的身體疼痛經驗，可能促使你探討「超越苦與樂的平靜在何處？」的疑問。像這樣的日常公案能夠直接導向認識真實的自我，這是超越痛苦和死亡的。

正式的自我詢問：不可覓

所謂「不可覓」的自我詢問取向的例子，可見於中國禪宗創立者菩提達摩與儒家學者慧可之間的對話。菩提達摩在山洞靜坐面壁禪修九年後，慧可熱切尋求他的指導，慧可說：「我還未找到心的平靜，請為我平靜我的心。」

菩提達摩回答：「把你的心拿來，我就為你平靜它。」

慧可花了幾個星期熱切地自我詢問，想要找到他的心，以便交給老師，卻找不到。最後，他對菩提達摩說：「我到處找我的心，卻找不到。」

菩提達摩說：「啊，我已經成功地為你平靜了你的心。」

此時，慧可開悟了，也就是說，無論慧可怎麼仔細尋找，都無法找到稱為心的實體，因為這種實質、獨立的心（或自我）根本就不存在。體認到根本的空性與心的無法定位性，慧可終於對他存有的真理覺醒。

我有幸在幾位老師的指導下修習藏傳佛教的「大手印」，這個方法更往前一步，要學生提出一系列關於心和自我的特定問題，呈現出它們本然的不可覓。例如，我可能要求你檢視你稱為「我的」的對象，從中找到它們所屬的所謂「我」，但無論你如何努力尋找，都無法找到，因為身與心也都是「我的」，所以找不到「我的」所指的「我」。我也可以要求你在禪修中靜靜坐著，試圖找出心的位置，判斷它的密度、形狀、顏色和外形，但無論你多麼認真嘗試，都無法回答這些問題。

西藏上師創古仁波切（Thrangu）說：「找不到任何東西，一開始你可能認為自己因為某種原因而失敗，可能是誤解該怎麼找，或是你找得還不夠，但其實不是這樣，你什麼都找不到的原因：當你尋找你的心，心的本質是全然沒有實體的，是空的。我們需要在禪修中直接體驗這一點。」

轉語

我的老師金恩．克蘭常說：「與老師的話以及這些話喚起的真理提示同住，這些未說出的提示是老師的話指出的真理餘蘊。」如此一來，可以自然引導聽者回到自己的源頭。即使沒有正式的自我詢問，偉大上師與聖哲的根本教導也能促使已站在真理懸崖邊緣的學生覺醒。禪宗有一些

呼吸與體會

你認為你的思想從哪裡生起？如果你說：「從我的腦袋。」就請你試著找出思想的正確位置，它們究竟從哪裡出現？你的思想有多大？是什麼顏色、形狀和密度？它們似乎那麼真實，但你能以任何程度的正確性指出它們或描述它們嗎？當你試圖描述思想時，你的思想發生什麼情形？

簡潔的用語（稱為「轉語」），可以把學生的心自然轉向真實本性，這些用語被視為「活生生的話」（相對於概念論述的「無生命的話」），形成許多公案的鮮活核心，它們往往是頭腦完全無法理解的。有弟子問洞山守初禪師：「什麼是佛？」禪師回答：「麻三斤。」也有弟子問雲門文偃禪師同樣的問題，他的回答也同樣難以理解：「衛生紙。」〔譯註二〕同樣地，西藏上師常常用言語上「直指人心的教導」，類似禪宗的轉語，為學生直接指向心的本質。

但轉語的神奇作用常常與公案或直指人心的正式教導無關，可以見於任何處境。我出家時，不曾特別熟悉正式的公案練習，但我的老師金恩．克蘭是自然說出轉語的大師，他的表述常常震撼我心，而進入靜默與自發的自我詢問。例如，我仍記得一次特別的密集隱修聚會，他回應一位朋友的疑問時，提出以下的開示：「即使你的身與心從童年到現在已有劇烈的改變，你卻一直用『我』這個字來指你自己。什麼是這個『我』？從嬰兒到今日體驗你的一生、經歷那麼多變化，但本身一直保持不變的那一位是什麼？」基本上，金恩在問：「你是誰？」但他用呼喚的方式描述不變的見證者，而我對他的教導是開放、接納的，讓我內心深處與他的話共鳴、迴盪，這是正式公案所無法做到的。

〔譯註二〕古文的回答是「乾屎橛」，指鄉下人用來擦乾糞便的短木片。

在另一次隱修聚會中，金恩不時重複這句話：「尋找者就是尋找的對象，觀看者就**是**他或她要看見的。」他用緩慢、令人恍神的聲音，特別強調「是」這個字。每一次聽到這句話，我內心就有某種東西在振動，好像音叉與相應的頻率共鳴似的。隱修聚會結束後，我開車回家，沒有特別思考什麼，「尋找者就是尋找的對象」這句話就像氣泡浮上來，進入意識，我的整個世界突然徹底翻轉，我也毫不懷疑地確知那些話的意義。

即使你身邊沒有現成的老師，仍然可以取用大師和聖哲寫下來的智慧，以同樣的方式讓他們的話在你內心共鳴。關鍵在於安靜坐著，把概念的過濾器和詮釋放到一旁，讓教導的話語像小石頭一樣丟入你存有的寂靜水池。選擇那些看起來難以理解或自相矛盾，但又多少能吸引你的話語，不要在概念的層面嘗試理解那些話，不過概念的理解可能逐漸出現。這些話會激起漣漪，就是真理的靜默和預感，你只要與這些漣漪共處就好了。它們最終可能使你覺醒，看見生起它們的鮮活源頭。

我在本書從頭到尾都會提供可能具有轉語作用的表述，就看你是否做好準備。以下是幾句特別讓我共鳴的轉語：

我看著神的眼睛，就是神看著我的眼睛。——艾克哈特大師

你是所有觀點背後的光。——金恩．克蘭

神是個圓，處處是圓心，無處是圓周。——恩培多克列斯（Empedocles，或認為出於巴斯卡〔Pascal〕）

你並不了解，直到你解決了有人認為自己已了解的謎。——尼撒哥達塔

意識與其對象是一。——金恩．克蘭

靜默的傳遞

比開悟聖人說出有生命的話更能使人覺醒的，也許就是他或她留在其中的靜默，或是更正確的說法，他或她根本就是靜默。這種靜默是所有不二教導的終極來源，具有吸引聽者越來越深入其中的力量，使人進入豐富的空無（實相的表現形式都從中滋生），並引導做好準備的人走向真理的直接經驗。沒有這種靜默做基礎時，即使是最深刻的開示，也只是空談罷了。

拉瑪納．馬哈希花許多時間在靜默之中，他回應問題時，常常靜靜凝視發問者的眼睛，然後只有簡短的言語回答。拉瑪納的靜默既不是策略，也不是教學技巧，而是深深留在萬有合一的本體我的自然表現。金恩．克蘭的教學也很類似，同時透過靜默的當下和語言，他常常說：「你的消失，就是你的當下。」事實上，當獨立的自我完全消失，就好比拉瑪納或金恩這樣的聖人，靜默的當下是強而有力、無所不在的。

在印度傳統中，求道者會長途跋涉，只為了坐在開悟大師或聖人的同在中。靜默地互相凝視被認為是巨大福氣的來源，甚至是靈性光照的來源，印度人稱為「達顯」（darshan，「看見」之意）。但靜默的當下不可能導致覺醒，就好像雲的飄離並不是太陽發光的原因。而是使人受限、迷惑的模式與信念（也就是慣性反應或習氣）自然在本體我的光中燒毀，像雲在陽光下消散一空，呈現出一切存有共享的內在明光。

在禪宗傳統中，法（真理）和衣缽在師徒之間的傳承方式，是菩提達摩所說的「教外別傳，不立文字」，是「直指人心」（意指真我或心的本質）。事實上，禪宗的譜系可以追溯到佛陀最早的弟子，據說佛陀沉默地手持一朵花，弟子大迦葉微笑以對，由此傳遞下來。

當下與詢問

請記得，只有開放、願意接受真理的心，才能使詢問結出果實。與事物的原貌同在（如第四章所述），就會自然綻放出無條件的當下或聆聽，不需努力或操縱就能使心湖安靜，並透過歡迎一切的覺察，容許詢問之石散播漣漪。相較於「練習」當下，你可能更喜歡依循阿迪亞向堤的教導「安住有如原初的覺察本身」（如果這些話與你共鳴的話）。刻意的練習並不是一定必要的，苦難、危機、失去熟悉身分或根基的痛楚，有時也可能把你打開，停止你的頭腦，引起自發的自我詢問。你甚至可能有幸像約伯一樣，發現自己被奪走所有珍愛的事物，與神抗辯，然後在旋風中聽見神的話語，讓你充滿淚水的雙眼看見自己存在的真理。這種時刻，只有絕對真理才能滿足你。

※「我是誰?」的疑問只會引發我的思考，我應該怎麼辦?

提出疑問時，不要像一再自動重複的咒語，而要在你覺得開放而覺察、比較沒有壓力的時刻才提出，然後緩慢地問自己好幾次，讓它與你整個存有共鳴，容許答案浮現或是不浮現。此外，不要嘗試用頭腦理解它，你不會由此得到任何有價值的答案。

當你說「我看見，我聽到，我覺得」時，你一直用「我」這個字代表某個內在的參考點，但這個「我」並不是指身體或心理，因為兩者都是能被經驗的，那麼，這個「我」是誰?提醒自己這一點，可能很有助益。

如果你仍然發現「我是誰?」的疑問會啟動頭腦，可以用不同的方式來問，比如「我是什麼?」或「這是什麼?」或「現在是誰正在經驗此刻?」(細節詳見本章末的「覺醒的呼喚」。)如果這些疑問全都不吸引你，請自由想出一個吸引你的疑問，或是把自我詢問這回事完全丟到一旁。請記得，向你是誰的真理覺醒的過程中，沒有任何技巧或練習是非要不可的。

※當我問「我是誰?」或「現在是誰或什麼在覺察?」出現的答案都是「我不知道。」我覺得自己回答得不對。

「我不知道」是很棒的答案，表示頭腦放棄嘗試想出概念性回應，發現自己站在未知的邊緣。容許這種不知道變得生動、活潑，而不是單調或認命。你是警覺、活在當下、覺察的，同時你不知道你是誰。繼續尋找「我」，讓不知道共鳴。

※就如拉瑪納·馬哈希建議的「寂靜不動」，難道還不夠嗎？當我已經安住在靜默之中，為什麼還要用詢問來激發頭腦呢？

如果你真的安住，不只是在靜默之中，而是就是靜默，那麼，所有詢問都是多餘的。可是，一般說來，安住的「我」和安住在靜默裡，兩者之間有一種細微的差異，就隱含在你使用的字眼裡。你可以花數天或甚至數年，以這種方式安住，卻沒有對你存有的鮮明真理真正的覺醒。拉瑪納本人誠心推薦的自我詢問，是設計來瓦解隔閡，讓獨立的自我完全消融於本體我的靜默大海之中。

現在是誰正在經驗此刻？

撥出二十到三十分鐘來做這個探索，一開始先閉眼靜靜坐著五分鐘左右。把你的覺察放在坐的經驗，讓你的身體放鬆。

現在張開眼睛，把你的覺察放在一個特殊的對象：桌子、椅子、書櫃、書桌。你凝視這個對象時，問自己：「誰正在看？」顯然地，對象是被看見的東西，但是誰或什麼在看呢？如果你回答：「是我，我是正在看的人」，就進一步自問：「這個『我』是誰？它在什麼地方？」

接下來，打開覺察，注意周遭的聲音，顯然地，聲音是被聽見的，但誰或什麼正在聽呢？同樣地，你可能又說：「當然是我」，但這個「我」是誰？它在什麼地方呢？

丟掉任何概念性的答案，比如「我是意識」或「我是神的兒女或光的存有」，因為它們不會提供你所尋找的答案。放輕鬆，輕柔地呼吸，讓自己的詢問是直接而出於經驗的：「我是誰？我到底是誰？」

你也許像許多人一樣，相信你就是你的大腦或你的思想，但這兩者也是可以被經驗的，你能感覺到你的大腦、思考你的想法。更深的疑問是：「正在感覺和思考的是誰？」同樣地，如果你認為是你的心，那麼，你的心和感受也是可以被經驗的，但是誰或什麼在經驗呢？你能找出位置或命名的任何東西，都是覺察的對象，問題是「誰在覺察？誰是所有對象的終極主體？」

以越來越深的方式繼續詢問，嘗試找出回到所有經驗源頭的「我」的路。如果你的詢問變得過於費力或消耗腦力，只要再次放鬆、靜靜坐著，幾分鐘後，再重新開始提問，不要當成頭腦體操，而是用整個身體尋找終極的經驗者。你說：「我覺得，我思考，我看見，我嚐到，我知道」，但誰是這個「我」？現在是誰正在經驗此刻？

第六章

自發的覺醒

超越什麼？由誰超越？只有你存在。

——拉瑪納・馬哈希

有一天，東尼・帕森斯（Tony Parsons）穿越倫敦公園時，注意力不由自主地從他的思維和對未來事件的關注，轉移到走路時腳步的感覺和擠壓，沒多久，出乎意料之外地，那個觀察走路的我脫落了，只剩下走路。他在他寫的書《如其所是》（*As it is*）中回憶：「全然的寂靜和當下似乎臨到萬事萬物，萬有一切都超越時間，我不再存在。我消失不見，再也沒有經驗者。」

帕森斯並沒有接受禪修練習或靈性訓練，沒有經驗者的這個經驗有如意料之外、自動發生的啟示，很快就發展成完善的靈性覺醒。他寫道：「當時的經驗是與萬有一切成為一體，無法抗拒的愛充滿萬事萬物。」他突然遇見他所謂的開啟的祕密，「這個顯而易見的禮物是過去一直可以取用的，未來也永遠如此」，這個事實是「大自然、人群、生與死，以及我們的掙扎、我們的恐懼和我們的欲望，全都被包含其內，並回映出無條件的愛。」

蘇珊娜・謝格爾（Suzanne Segal）的覺醒也是突然發生的，她是芝加哥的原住民，二十幾歲時全心修習超覺靜坐，後來停止禪修，然後結婚，和法國丈夫搬到巴黎。她懷頭胎時，在一個溫暖的午後踏上公車，原本習慣的身分感「被迫推出原本在我體內的位置，退到身後大約一呎的新位置，在我頭部的左側。

『我』現在在我身體的後面，看著外面的世界，卻沒有使用我身體的眼睛。」這是她在回憶錄《撞見無限》（*Collision with the Infinite*）中的敘述。

對謝格爾而言，這次突然的身分轉移並不是極樂的靈性體悟，而是在震驚中失去某種舒適熟悉的東西，她花了數年想要找回原有的身分感。直到她遇見一位靈性老師向她證實那次不愉快的經驗是真正的靈性覺醒，她才鬆了一口氣，讓它發展成徹底的認識，知道她不但什麼都不是，同時也是一切。

羅勃・亞當斯（Robert Adams）兒時在紐約市成長時，就發現自己擁有神奇的力量：只要複述三次神的名字，就可以得到他想要的任何東西。有一天，十四歲的他坐著考數學，像平常一樣運用他的技巧來得到正確答案，卻出現一種強烈、屬靈的啟發。世界在其中失去實質性，他放眼望去的每一個地方，都只能看見不變的本體我，這是穿透一切、勝過一切的存在源頭。他在《沉默之心》（*Silence of the Heart*）回憶：「沒有時間，沒有空間，只有『我是』，萬事萬物都是『我』，『我』這個字包含整個宇宙，無限、難以描述的愛充滿萬事萬物。」

不用說，年輕的亞當斯被如此出乎意料的經驗轉化，無法回頭，立刻對平常的學業、嗜好和朋友失去興趣。他花了數年尋找某個能幫助他了解這個經驗的人，最後踏上印度之旅，向偉大的聖人拉瑪納．馬哈希學習三年。亞當斯說：「和拉瑪納在一起，使我的眼睛得到開啟，看見我經驗的意義。」

我自己最初的覺醒發生於我在加州的高速公路上開車時。不像亞當斯或謝格爾的經驗那麼戲劇化或出人意料，但仍有力量立刻徹底轉變我原本看待自己的方式。我的重心不再留在我認為自己居住其中的這副身心，而是突然了解我其實就是這個整體的明光、這個覺醒、覺察的空間，身心和一切其他事物都在其中出現。而這個「整體性」、這顆「明亮的珍珠」（如玄沙師備禪師所稱）〔譯註〕，是唯一的實相，超越時間、一直存在。「不曾離開它」這幾個字一直在我腦中奔馳，有如極樂的浪潮流遍全身。

覺醒的本質

這些真實故事不是來自印度聖人或禪宗的修行人，而是普通的西方人，顯示真正靈性覺醒的本質往往是自動發生、令人困窘、轉化生命的。在某一刻，

〔譯註〕可能是引用玄沙師備禪師語錄中的「圓成威光」。

你原本習慣的身分碎裂了，你超越了傳統現實的帷幕，看見更深的靈性根基或存在的伏流，相較之下，物質世界只是表相。結果你再也無法用以前的方式看待你的人生，再也無法把它看成絕對真實、永久或堅固的人生。

「覺醒」這個用語是如此恰當、經常被人使用，因為大多數人真的有從夢中醒來的感覺，而他們原本把夢當成真實，以為自己是世界中某個堅實、獨立的人，和其他堅實的人在一起。他們體悟到這個表面的真實只是飄浮在更深實相的表層，只是半透明、易消逝的表相，就像水池中的氣泡或大海上的波浪。

當然了，你可能初步瞥見你的真實本性，獨立經驗者的感覺暫時脫落，卻又很快返回，重建它的控制力；或是有失去根基的短暫時刻，你在其中進入人生的神祕水流，但又立刻浮出水面，成為獨立的自我。無論如何，真正的覺醒通常包含身分認同感前景與背景強烈的轉換，會徹底而永遠地轉化你對現實的經驗。你一旦覺醒，就絕對不會完全回到睡夢，不過有可能偶而打個盹；一旦你知道自己是誰，就絕不會完全忘記，但這個認識有可能看似消失或使你困惑。

每一個真實的覺醒都有自己獨有的特點，就如上述故事所顯示的。有些情形就像溫和的回家，最終認識你一直以來就知道的真實自己。有些則像蘇珊娜・謝格爾，突然強而有力地撕開你與更廣闊實相之間的帷幕。有些人像東尼・帕森斯，突然穿透獨立自我的幻相，像一把利刃切開層層信念的厚殼，展現核心的鮮活真理。有些人的經驗則像逐漸的消融，有如冰融化成水，融入大海。有些覺醒是劇烈的，充滿強烈的影像或能量經驗；有些人則幾乎全然平靜無事，有如靜靜滑入兔子洞（或許是出生管道），進入全新的世界。

時間與永恆的交會

不論是具有什麼特點的靈性覺醒，都發生在存有的縱向與橫向兩種層面的交會點。西方人的一生幾乎都在時間與空間的橫向層面，背負許多信念的包袱和個人的歷史，勤奮工作以得到某些目標，同時又害怕失敗、寂寞和死亡。我們就像周遭的每一個人一樣，把自己視為獨立的個體，被束縛於快樂與痛苦、滿足和受苦、健康和生病的雲霄飛車之旅，最終的結局就是衰老與死亡。

但是每一個片刻都為我們提供了在另一個層面覺醒的機會，在此，時間與空間不再適用，萬事萬物都綻放出無條件的當下與存有超越時間的神性。這個縱向層面有時被稱為永恆的當下，它一直向橫向層面注入訊息，邀請我們對自己的靈性本質覺醒。事實上，每一片刻都已是時間與永恆、有形與無形、橫向與縱向的交會點。你就像耶穌一樣，他的十字架象徵這個交會，你也同時既是人又是神，你需要的只是認識這個真理。透過禪修和自我詢問，可能引發這種認識。它常常發生在沒有準備、自發而出乎預期的情形之下，有如難以理解的禮物。

覺醒的最初階段

雖然覺醒的經驗有許多差異，但覺醒的過程卻有一個共同適用的動向或展現。在最初的覺醒中，你通常會發現身分認同的位置脫離了平常的自我感，或溫和或強烈地轉移到未涉入的見證者，他一直覺察，但不曾是被觀看的部分。你對這個見證者的經歷可能是浩瀚的寬廣、深邃的靜默或寂

呼吸與體會

花一點時間注意你對靈性覺醒有什麼觀念和成見。這些觀念是從哪裡來的？它們如何影響你對靈性的態度？一旦你辨認出這些觀念，就把它們放到一旁，向真實覺醒的可能性敞開自己。

靜、所有事物之下的更深根基，或是不具形體的參考點（如蘇珊娜．謝格爾的情形），這個參考點最終消融、不再出現。這種轉移不只是一種心理的洞識或頓悟，而是在你認為自己是誰的位置與內容上，產生充滿能量、全人的改變。你不再把自己定位在大腦裡面，這是大部分西方人相信「我」存在的位置。你現在認識到思想、影像、感受和記憶，其實都生起於超越時間、沒有疆界的空間，而這個空間就是你的真正身分，你真正是的「我」。（禪宗把這種無限的寬廣與無法定位的性質稱為空性或絕對〔the absolute〕。）

不用說也知道，這種突然的轉移可能使人倉皇失措，就如蘇珊娜．謝格爾的故事所說明的。它有時會伴隨強烈的能量釋放或是深刻的感受，如驚奇、感恩、愛或輕鬆。在我自己的情形中，狂喜的能量浪潮從脊椎上湧，由頭頂出去，有如噴泉，持續數小時。這種情形往往令人害怕或無法承受，尤其是沒有靈性傾向或不曾學過覺醒現象的人，更是如此。謝格爾在初次覺醒後，持續數年之久，每當她看著鏡子而無法認同鏡中的臉孔時，就有一股恐慌感。而我自己的極樂經驗很快就開始與害怕交替出現，因為我的頭腦努力想重新獲得控制，避免被似乎充滿威脅的能量所淹沒或摧毀。可是，大部分人終究會習慣嶄新、擴大的身分，從超然的位置帶來平靜感和平等心，使你不容易受到生活甘苦浮沉的干擾。

覺醒的全然盛開

從個人、心理的自我（由思想和感受組成，定位在頭腦裡），轉到無形、無法定位的空無（包含、滲透一切），這種身分認同的轉變雖然具有轉化的力量，但仍只是覺醒全然盛開過程的最初階段。包括獨立自我在內的一切都沒有常存、實質的存在，這種體悟雖然會帶來穩定感，但也可能使你變得被動、疏離、脫離現實生活，導向一種虛無的觀點：「一切都是空，一切都不重要，還有什麼好在乎的呢？」

所以下一步就是認識萬事萬物都有終極的價值和意義，毫無例外，因為岩石、雲朵、汽車、建築、街上的遊民，都與你的原貌是不可分割的，其實他們正是你根本的自己。他們沒有實質和永久的存在，同時也充滿神性，伴隨著光輝或當下，所以是珍貴無價的。

在禪宗裡，《心經》的名言充分表現出這種「空無的豐富」，《心經》說：「形體就是空無，空無就是形體。」換句話說，我們所見所聞的世界是沒有實體的，就像泡沫或夢幻，但這種空無，這種更深的根基，是永不分開、沒有區隔的，只是以有形世界的多重劇碼，自然呈現自身。如果你過度強調空無，就有變得疏離、冷淡、漠不關心的危險。如果你過度強調形體，就有再度捲入夢境的危險。形體和空無是交織在一起的，是一個硬幣的兩面，是單一無縫實相的兩張臉孔，就像前景與背景、內容與脈絡、物體和空間的關係。禪宗把實相這種不二的本質稱為「真如」或「如如」。禪宗有一句名言：「見山又是山，見水又是水」，現在即使是最平常的經驗也發出靈性的意含。

我在此所做的區別，雖然對現在的你可能顯得過於微妙或抽象，但對覺醒的了解卻是非常重要的。除非你認識到，不但形體是空無，而且空無也是形體，否則就會徘徊於蘇珊娜．謝格爾所說的經驗的「冬季」，這時是空無占優勢，心還沒有在形體的溫暖與豐富中盛開。印度聖人尼撒哥達塔說：「當我向內看，看見我什麼都不是，這是智慧。」但這個洞識還必須連結到與它互補的話：「當我向外看，看見我是一切，這是愛。」他總結說：「我的生命在兩者之間流動。」

少數人會突然打開完整的體悟，了解形體就是空無、空無就是形體。例如，羅勃·亞當斯與同學一起參加數學考試時，不但體悟他就是純淨的覺察、光輝的空無、絕對的「我是」，也體悟他就是萬有一切，毫無例外。他說：「我是花朵，我是天空，我是人群……『我』這個字包含整個宇宙。」有些人可能先覺醒自己與萬事萬物一體，但還沒有體悟自我的空無，這種情形可能使人執著於這種一體感，把它當成屬於我的東西。但大部分人都是先覺醒於形體就是空無，然後才逐漸體悟實相的整個不二本質。

打開覺醒的壓縮檔

根據我自己的經驗，以及我和學生與朋友的對話，我認為大部分真實的靈性覺醒都包含了完整不二體悟的密碼，形體就是空無與空無就是形體。小孩、狗、碗盤和工作的世界，都無異於我們追尋的崇高靈性實相，這個靈性實相並不是存在於某個遙遠、抽象的層面，而是必然又自然地在小孩、狗、碗盤和工作之中展現自身。

可是，基於某種理由，大部分人無法消化和吸收完整的體悟，只接受了一部分：通常是形體就是空無的部分。他們可能覺得自己的體悟比自己所能理解的，還有更深、更多的要義，但就是無法表達或掌握它。就像電腦中的壓縮檔用濃縮的方式包含許多需要解碼的複雜文件，覺醒的人往往在一瞬間下載了大量洞識，接下來需要耗費數年來打開和闡明他們所接收的內容。

例如，我有一位學生突然認識自己就是所有雜音和活動之下的靜默與寂靜，但要在一連串更進一步的覺醒中，靜默與寂靜才逐漸展現本身就是一切的源頭與本體。在我自己的情形中，透過我而覺醒的光體，感覺就像包含完滿存有的全相圖，但我花了數年才體悟這個完滿與完整，最正確的表達方式恐怕就是簡單的一句話：「就是它！」

即使是最強烈、看起來最完整的覺醒，也可能要花數年來展開和呈現它的豐富。進一步的覺醒與洞識往往只是讓原本已經接受的內容，得到深入的闡明與穩定。在某種意義上可以這麼說，在最初的覺醒之後，你可能知道你是誰，但仍不完全知道你所知道的；只有在一段時間之後，你才真的完全體悟和實現它。

覺醒的能量經驗

真正的覺醒不同於靈性覺醒所伴隨的劇烈影像、情緒和感官經驗，覺醒本身通常是指經驗到你身分認同所在位置的細微轉變：你遇見實相的立足點。我的老師金恩．克蘭偶而會勸告學生要「找到背後的你自己」，在頭的後方，而不是在前額裡的新大腦皮質「思想工廠」。他的意思是要把你的身分認同從思維的心、自我形像、人格，轉移到你後面的覺醒、覺察空間，也就是透過每一雙眼睛凝視出去的那一位。

最後，當覺醒得以深化與展開，這個更寬廣的位置就會融入胸腔的心輪，有些聖人認為，至少在相對、現象的層面，本體我就「座落」於此。最終，即使這個最細微的位置也會消融，本體我被體驗為滲透一切、無所不在。以希臘哲學家恩培多克列斯的話來說，就是「神（即真正的自我）是個圓，處處是圓心，無處是圓周。」

破除覺醒的七個迷思

既然我已描述靈性覺醒內在的樣貌與感受，我也要談一些更常見的誤解，這些錯誤觀念常常像雲層一樣籠罩著經驗。許多書（包括本書）談了那麼多其實無法用文字表達的東西，難怪會有如此多的混淆。一方面，我曾遇見許多人為了追求開悟而到處聽人講道，參加隱修聚會，好像開悟是某種很有價值的古代寶藏或聖物，可以用來宣稱是屬於他們的，並帶回去向朋友展示。另一方面，我也曾遇見許多人似乎認為自己已經開悟，只因為他們讀過一些書，遇見一些保證他們已經開悟的老師。可是，當你嘗試得到或擁有覺醒時，它就從你的指尖溜走；而你如果沒有使覺醒成為你自己的，它就不會盛開綻放。

迷思一：覺醒只是又一次的靈性經驗

靈性經驗不論多麼強烈，大部分的結果都只是暫時的洞識或能量狀態，必然會改變或消退，就像電腦螢幕上的影像一樣。畢竟，即使是最有意義的事件，其本質仍是短暫無常的。開悟並不是時空中的一種狀態或事件，而是體悟你就是螢幕本身，是超越時間、不會改變的空間或根基，所有狀態都在其中來來去去，是噪音背後的靜默，是活動之下的寂靜。

當然了，感覺到你與萬物的一體，感受到無條件的愛強烈流出，經歷劇烈奔騰的拙火打通脈輪（chakra，七個能量中心），並從頭頂向外放出光芒，都是令人激勵振奮的。但如果這些經驗並沒有在你認為自己是誰的部分，伴隨著永久的轉變，清楚知道你就是光輝、空無、無法理解的覺察，此刻正從這雙眼睛向外觀看，那你仍然沒有向你超越時間的靈性本質覺醒，就算是最崇高的經驗也終將褪入記憶之中。就像突然出現的閃電會把你的注意力導向浩瀚空無的天空一樣，靈性經驗也能做為美好的指標，指向生起經驗的浩瀚覺察。

迷思二：你能變得開悟

同樣地，開悟並不是某種你能變成的狀態，它就是你已經是的狀態，但只要你試圖抓住它，想要使它屬於你，它就會從你的指縫流逝。開悟永遠不會屬於某個人，因為它是獨立某人並不存在的明確體悟：一切都如其所是的完美又完整，並沒有一個我在經驗它。與一般的看法相反，靈性覺醒不會給你任何東西，而是拿走你認為你所擁有的東西。獨立的自我消失時，無可比擬、難以理解的實相真理就會向自己展現自身。

頭腦一直試圖吸納開悟，宣稱它是特殊的獎賞，但頭腦的努力注定失敗，就像小孩一直試圖抓取水中之月。當你體悟《奧義書》中的話「我即汝」（萬事萬物之中絕對、不死的本體我），自然的回應不會是驕傲，而是深深的謙卑；不是一種成就感，而是無窮的感激，因為你看見你正因神聖的奧祕而栩栩如生地活著。

迷思三：開悟是成就和成功過程的顛峰

如果你修習進步之道，可能會被告知，多年勤奮努力和奉獻的最終結果就是覺醒。即使沒有修習進步之道，你也可能接受普遍的印象，認為要長期艱難地走上遙遠的體悟山峰，這是出於我們的文化強調要透過努力工作來得到成功。但事實上，真正的覺醒似乎較常發生在突然放下一切努力，自然丟下你背負多年的重擔，完全而出乎預期地放棄所有希望的時候：這是十二步驟課程所說的「從谷底回升」。你在危機之中，就像在密集禪修的過程中，一樣可能覺醒。

我的朋友及老師阿迪亞向堤常常談到，他偶然的覺醒只是因為他的禪修是如此失敗。艾克哈特．托勒有一晚就寢時，突然很厭惡自己，隔天早上醒來就完全脫離自我感。拜倫．凱蒂（Byron Katie）住在中途之家，滿心都是憤怒和沮喪，她看見蟑螂走過她的腳掌，就體悟那隻腳不屬於任何人。約翰．藍恩．路易士（John Wren Lewis）在印尼坐巴士時中毒，幾乎死去，然後在完全沒有心理準備的情形下覺醒。

純淨的清醒是你與生俱來的權利，你的自然狀態，在每一刻的覺察中，它一直與你同在、可以取用。你只需要放下所有努力，死去而進入你已經是的你。如果危機或苦難有助於引起這種死去，那就接受吧！

迷思四：開悟的重點在於摧毀「自我」

正如西方對成就和努力工作的成見可能誤導我們相信需要努力邁向開悟一樣，我們似乎也發展出錯誤的觀念，認為覺醒意味著毀滅「自我」，把它的屍體丟入本體我的大海。但「自我」不是你的大敵，它只是一種作用，一位勤奮的工人，做著自己訂出的任務，監測你的生存，緊握著控制權。

當你清醒過來，就會如實看見「自我」：思想、感受、記憶和信念的集合，由身分認同感使之連結起來。於是你不再錯誤地把它當成你所是的真理，也不會覺得被迫遵循它的指示。在欣然接納、沒有批評、展現自身的空間裡，「自我」不再干擾你，因為它有足夠的空間玩它有限的部分，不需要支配你的生活。你甚至可能對它出於好意卻常出錯地想照顧你，感到某種悲憫的情感。萬事萬物的原貌就是完美的，包括堅持自己不完美的「自我」。

迷思五：覺醒意味著我的改善和終極完美

許多人認為靈性道路就是終極的自我改善計畫，並期望覺醒能消除人格的所有瑕疵，使他們轉化成更善良、更神聖、更正直的自己。我要對這些人說：「如果你想要的是更完美的自己，你就走錯地方了。請倒退五個出口，在看到標明『自助』的號誌時右轉。」事實是，覺醒使你不需要改善自己，因為它使你不再認同身體、心理和人格，而讓他們更自然有效地運行。當你不再勉強接受你的想法和故事，不再認為更好、更屬靈的人應該有什麼樣貌和行為時，你就不再受限於獨立自我的劇碼（包括所謂「改善自己」的故事），然後就能帶著所有明顯的不完美，做更自然、更完美的你。

迷思六：開悟會帶來全知的能力和其他超凡的力量

如果開悟有任何作用的話，是相反的作用，它使你全然自在地不知道任何事，尤其是你到底是誰的奧祕。就如我先前所說的，你是誰的真理無法用頭腦了解，只能心領神會地成為這個真理。當頭腦放棄嘗試去知道，真正的自我體悟就有機會綻放。覺醒能給人的唯一非凡能力就是擁有自由，在每一個處境中自然適切地行事為人，沒有內在衝突或自我批判。禪學大師龐蘊居士說：「我的神奇力量和靈性活動就只是劈柴挑水。」

迷思七：你既然已經開悟，為什麼還要費心追尋呢？

就像執迷於努力和成就的那一面一樣，這種放任的方式會使你站在第一章描述的無門之門外面向內看。沒錯，你已經開悟，但除非這個開悟現身於這個特殊的身心之內，否則就只是個抽象的概念，沒有力量解除你的痛苦、轉化你的現實經驗，這才是開悟過程的整個重點所在。矛盾的是，獨立的自我永遠不會開悟，但真正的開悟卻必須在此生根與開花，以禪宗的老話來說，只有到那個時候，才可能枯木結果、石女產子。

覺醒是自己可以印證的嗎？

你可能想知道，我怎麼知道自己的覺醒是不是真的？在禪宗的傳承裡，別人通常會勸你找一位信譽卓著的老師，他可以為你評估、印證你的覺醒，並建議進一步的修行，以闡明和深化它。但這種老師通常會要求你加入他們的團體，投入定期禪修，然後才會同意你接受個別指導。此外，即使你有興趣加入，住家附近也不一定有禪修中心。不二論吠檀多的老師比較好找，數量也較多，但許多人宣稱自己已經開悟，自認可以當老師，卻沒有做好多少準備，你可能覺得很難判斷誰夠資格當老師。不管怎樣，並沒有靈性老師的證照委員會！

終究看來，只有你能確知自己的覺醒是不是真的。它是不是類似我在本章開頭所描述的覺醒實例呢？你的身分認同位置是否從小小的頭腦轉移到「大心」，或是完全消失了呢？你是否體驗到更多滿足感和心靈的平靜，較少反射動作？你的追尋是否抵達終點？如果你曾閱讀大師和聖人的教導，就會發現你的覺醒會自我印證。對大多數人而言，即使是完全沒有靈性背景的人，體悟仍是清楚明顯的。艾克哈特．托勒不需要禪師來告訴他，他所經驗的平靜與驚奇是真實靈性轉化的結果，拜倫．凱蒂或羅勃．亞當斯也不需要。（可是在少數如蘇珊娜．謝格爾的情形，因為恐懼是如此強烈，有可能暫時把覺醒誤為精神疾病。）

在真正的覺醒中，你的存有真理透過你認識自己。過程就像照鏡子，你立刻認出鏡中的臉孔是你的。禪宗有個故事，談到一位一時發瘋的年輕女子，到處亂跑，聲稱她的頭掉了。最後，她的朋友和家人把她帶到鏡子前，她看見自己的臉，就突然恢復正常了。這個寓言有明顯的含義：未覺醒的狀態其實是一種瘋狂，只要清明地認識自己，就立刻痊癒。通常是事後才容易出問

呼吸與體會

請記住，每一個覺醒經驗都是獨特的，你的經驗可能不同於書上讀到的情形，甚至包括本書。終究看來，覺醒是你與生俱來的權利，是你的自然狀態；重要的其實只是體認覺醒是一直以來已經存在的。

題。當頭腦再次維護它的控制權，就會開始懷疑你曾有的經驗，或宣稱體悟是它自己的，這都是有問題的。

※一般、日常的醒來包含從做夢到清醒的狀態改變，但靈性覺醒似乎不一樣，因為覺醒的人不會從一種現實轉移到另一種現實。你願多談談這個部分嗎？

覺醒的隱喻顯然會造成誤導。在靈性覺醒中，你從分裂的夢境醒來，進入持續不斷的體悟，知道沒有表演節目的獨立自我，只有這個無縫、不可分割的實相活出自己。覺醒的人不會脫離日常現實，不像早晨醒來的人會離開夢境。事實上，覺醒的人在日常生活會有更有效的功能，因為他們的行為與實際情形是和諧的，不會陷入衝突或產生抗拒。同時他們會看見空虛有如夢境的現實本質，你可以說他們覺醒脫離實體的幻相，進入本質是空無、難以捉摸的實相。覺醒的人是「在世間裡，但不屬於世間」，或是如惠特曼所說的：「在人間遊戲進進出出。」

※你說「我」無法覺醒，那麼宣稱自己覺醒的人是怎麼回事？這是否只是

他們執迷的證據？

在絕對的層次，宣稱自己覺醒和宣稱自己呼吸的意義是一樣的。覺醒是你的本質，你不可能不覺醒。在相對的層次，宣稱自己覺醒的人可能只是用一種方便、簡略的說法，表示他們身分認同的位置已經轉移，他們知道自己到底是誰。但那些真正確定體悟自己真實本質的人，不會有動機去宣揚或捍衛任何說法或立場。別人怎麼想，對他們毫無影響。就如我的老師金恩．克蘭常說的：「我們真正的本質永遠無法被堅持或否認。」

覺醒的呼喚

向覺察的無限身體覺醒

撥出十五到二十分鐘做這個探索，一開始先閉眼靜坐五分鐘左右，把你的覺察安放在坐的經驗，讓你的身體放鬆。現在向所有身體的感官打開你的覺察，感官在任何時刻都可能包含熱度、壓力、脈動、能量、快樂、疼痛、輕盈、密度等等。不要把注意力集中在任何特殊的感官，只要覺察全身感官豐富、多重的劇碼。你關於自己身體可能出現的任何影像或想法，都放到一旁。你擁有的唯一身體就是當下正在經驗的感官劇。

請確定你涵蓋了頭部的感官，包括你認為屬於你的臉的感覺，以及顯然在腦中生起的思想感。把所有名稱和解釋都放到一旁，直接經驗感官，沒有概念的過濾。

幾分鐘後，讓你身體的界限或邊緣消融，「內在的」感官融入「外在的」經驗。你現在的覺察包括身體外在和內在的所有感官，其實外在和內在的區別已不再適用，一切都正發生在你裡面。

如果這對你沒有任何意義，沒關係，你只要繼續讓邊緣消融，使你的覺察無限擴展。你在每一個方向（前、後、兩側、上下）都感覺到無限的空間。真正的你就是這個無窮無盡的覺察，沒有圓心或圓周，正是這個沒有根基的根基生起一切，也涵蓋一切。你無止盡地享受它在形體中的表現。不論你向哪裡望去，都找不到獨立的自我，就是這樣！

繼續放下所有界限和概念，降服於無窮覺察中沒有根基的根基。不需要抓住任何事物，這個無窮的浩瀚就是你的原貌。

第七章

覺醒以後

頭腦一直嘗試理解
它在自身故事的哪一頁。
蓋上書本。燒掉書籤。
故事結束。現在開始跳舞。

在一次隱修聚會中，我和我的老師金恩・克蘭一起出席，我在那裡經驗到如此不費力的自在和平靜，相較於主宰我生活大部分時間的緊張和幽閉恐懼的心理狀態，兩者的對比使我印象特別深刻。即使我多年前曾瞥見我的真實本性，仍不斷受到誘惑，回頭相信每天在我心中大量冒出的恐懼與最糟狀況的劇情。即使我已經歷初次的覺醒，仍不斷回頭落入半睡眠狀態。

我在團體分享時，向金恩描述我的處境，他談到不論我去哪裡，信念和心理記憶的包袱都會使我頹喪，他邀請我放下包袱。我被他的提議電到，得到激勵，相信自己真的可以立刻丟掉一生積累的制約，但我無法想像如何做到。心智的力量似乎令人難以抵擋。

經過一會兒的反思，我說：「是的，我能體會你說的話，我內心深處知道自己到底是誰，但舊有的信念和故事是如此強烈，以至於我一直忘記。」

他回答：「啊，忘記，」臉上帶著沉思的微笑，接著說：「終極的忘記。」經過一段時間的沉默，他合掌離開房間。對話結束，留下我深思自己健忘的力量。

忘記自己是誰

覺醒之後，頭腦會試圖重申它的控制力，而一再發生金恩談到的終極的忘記。這種忘記不只是頭腦其他活動偶然的副產品：它其實就是頭腦存在的理由、職務的說明。因為頭腦覺得受到靈性覺醒的開放、寬廣和奧祕所威脅，就會不遺餘力地遮掩它。

從早年開始，我們就被家庭和文化訓練，要遺忘生而俱有的開放和一體的大海感，認為自己是具有特殊姓名和身分的獨立某人。例如，你學到的不是把小貓、花朵或玩具視為自己的延伸，是你自身存有的表現，而是視之為外在的物體，可以為了你自己的目的而加以操縱和使用。你沒有經驗到自己是無窮無盡、沒有界限、包含內在和外在所有一切的能量場與光場，你被教導你的起點和終點就是你的思想和皮膚。一段時間之後，這種身分感甚至會進一步窄化成越來越多的特徵，由它們來界定你、限制你。你是好女孩、壞男孩、易受驚嚇的人、爸爸的小公主、技巧熟練的運動員、窮學生等等。你現在知道家人和朋友眼中的你是誰，卻碰觸不到你本來的自己，你的真正本質。

你在整個兒童期經驗到你與父母、手足、親屬和朋友之間數不盡的互動，你的頭腦將之內化，逐漸為自我與現實拼湊出一個複雜、多層的代表。心理學家詹姆士．布金妥（James Bugental）適切地稱之為「自我－世界的建構系統」，它是模糊的鏡片或遮蔽的帷幕，由許多關於你自己和他人的觀念和故事組成的，你透過它來觀看自己和「周遭」世界。

如果童年的互動大多是舒適或愉快的，你就容易內化自己住在一個善意世界的觀點，你在其中可以放鬆，適時處理生活的境遇，結果你的界限會比較寬鬆、容易穿透，你比較容易放下，讓生活如實展現，沒有緊張或焦慮。如果你與重要他人之間經驗到緊張或痛苦的關係，在這份關係中，你相信自己若以某種方式行事為人，就有失去他們的愛的危險，或是被輕視、羞辱或虐待，你內化的觀點就是你必須小心、注意，不計一切代價抓住控制權，結果你的界限就會比較緊密、僵化，你會發現自己很難放鬆，無法跟隨生命之流。

不用說，我們每一個人都有自己獨特的自我－世界的建構系統，根據我們一生累積的成千上萬獨特的互動和經驗而形成，其中必然混雜有正向與負向、保證與威脅。可是，不論你的童年經驗主要是快樂或痛苦、你的界限基本上是緊密或寬鬆、你對人生的觀點主要是善意或惡意，你必然或多或少會帶著控制人生的衝動，這是你的獨立自我感必然有的成分。

「自我」的緊抓不放

這種控制生命之流的需求，是出於你多少覺得自己的幸福或生存受到威脅，這是一般人類處境的普遍現象，通常會被經驗成內臟的緊張，位置往往在太陽神經叢或下腹部，它就像黏著劑，連結思想、感受、影像和記憶，組成虛幻的自我。只要你相信自己是獨立某人，就會繼續覺得不得不控制你誤以為與你分離、外在於你的人與事。不管環境如何都要維持分離感和抓住控制權的內在機制或功能，通常被稱為「自我」。基本上，「自我」是一種與事物原貌持續不斷的爭執或掙扎。（本章剩下的部分中，「自我」和自我－

呼吸與體會

你曾瞥見你的真正本質，然後又遺忘了嗎？遺忘是怎麼發生的？你有可能在什麼時候失去你的真正本質，或是它只是退入你覺察的背景？就在此刻，你能憶起你是誰嗎？

世界的建構系統兩種用語的使用，多少是可互相交換的。）

在真實的靈性覺醒中，你最後會認識這個「自我」的原貌（被自我感和控制的需要連結起來的虛幻建構），並體悟你就是觀看者、靜默的當下、無限的空間，虛幻的建構也是從這個空間生起的。在這種具有轉化性的洞識之後，建構就不再束縛你。但因為它已發展了一輩子，且在你相信自己的生存受到威脅時，它會在這種處境得到力量，所以「自我」仍有巨大的力量和韌性，不經過一番搏鬥是不會放下控制權的。在極少的情形下，覺醒是如此完全，獨立的自我感會立刻脫落，再也不回來。但大多數情形下，覺醒只有轉移你身分認同的位置，如第六章所述。「自我」平時好像你領土的君王，覺醒撞擊「自我」，使之脫離平常習慣的寶座，但沒有完全拆除它或解除它的力量。「自我」必然會再度生起，只是較虛弱無力，就像下台的獨裁者嘗試重新控制國家。

此處我正在耍弄對立的隱喻，因為頭腦往往就是以這種方式經驗這個過程。但兩者其實並不衝突或對立。在表現形式中，只有神或意識之舞，你絕對不需要讓「自我」下台；你只需要如實看著它，安住在寬廣、涵蓋一切、你一直以來已是的當下之中。「自我」在事物的架構中有其位置，有其角色要扮演，你只要停止把它當成你是誰的真理。就如拉瑪納·馬哈希所說的，它只是本體我投射在地上的虛幻陰影。接下來幾章，我會談到更多與「自我」有關的事。

「自我」如何（以及為什麼）遮蔽真理

雖然靈性覺醒本身在一般情形下，是極樂、廣闊的經驗，可能伴隨數週到數個月非凡的內在平靜、喜悅、愛，沒有反射動作，但接下來往往會有一段很長的期間覺得不安全和困惑。畢竟你才剛經驗到最深刻、超乎想像的典範轉移：你耗費一生栽培、照顧的獨立自我，表面上是你的宇宙中心，卻被揭示為巨大的幻相。即使你曾接受許多靈性教導，幫助你做好準備以面對這個意識的大地震，但經驗本身仍可能很可怕、令人迷惘，好像你所習慣的世界在四周崩解。

特別是光輝的空無展現自身就是你的本質、你的真實本性，可能讓「自我」覺得受到威脅，它會用盡一切手段讓你忘記自己是誰。（請記得，這就是它的工作、它存在的理由，長久以來，它一直好好做著這份工作。）「自我」堅定地把自己看成具有特殊生命故事的獨立某人（包括這個故事帶來的所有苦難與快樂、成功與失敗），非常害怕被消滅。它採用的策略或拙劣或微妙，從嘗試把覺醒塞回概念之盒，到試圖吸納覺醒為己所用，但結果是一樣的：遮蔽或扭曲你已經喚醒的真理，重申「自我」的控制。以下是「自我」最喜歡使用的七種計謀。

假裝你的覺醒從來沒有發生過

如果你原本對覺醒沒有興趣，或是不了解它會如此劇烈、使人不安，你可能試圖繼續原有的生活，好像什麼也沒改變，假裝像以前一樣對原本的成就、財產、劇情和角色感興趣。問題在於，覺醒的觀點會不斷出現，好像在你下面開啟一道深淵，展現核心的空無，或是從超越頭腦的旋風，發出述說真理的聲音。不論你多麼努力嘗試，就是無法讓生活放回原本居住的舒適小盒子裡。你現在位於無人的荒地、未知的領域，舊的地圖毫無用處，新的地圖尚未畫好，或是更準確的說法，永遠也不會畫好，因為現實不斷變化，無法預知方向。最終，你需要找出方法來適應你的新身分。

例如，我有一位學生在軟體公司擁有一份薪水和職位都很高的工作，讓他擁有地位感和權力感。他覺醒後，地位和權力失去光澤，他的工作顯示出操縱、欺騙的本質。但他繼續工作，好像什麼也沒發生似的，想說服自己不要感到不安，因為他害怕改變會使他失去執著已久的生活方式。

不相信你的覺醒

由於你的覺醒不同於你在書上讀到的覺醒經驗，你可能把它當成不真實而加以忽略。或是因為你仍會生氣或害怕，而推斷覺醒還不夠充分。你可能辯稱：「畢竟，像艾克哈特．托勒這樣的人，經過一整個晚上才從自我憎惡走到極樂，他的『負面情緒』完全脫落，但我只有這麼一瞬間體悟我其實並不存在的洞識。我的覺醒實在不符合標準。」

可是，真實的覺醒會以各種形貌和程度出現，不必然保證你在世為人的方式會有立即、徹底的轉化。你只是發現你到底是誰，接下來有沒有轉化，端視你的「自我」破壞這個過程的企圖是否有效。但靈性的超我喜歡拿你的洞識和大師、聖人的經驗做比較，然後發現你的經驗還不夠格。「自我」還有什麼更好的方法可以保有控制呢？

吸納覺醒，成為己用

「自我」不願讓覺醒展開而持續照亮自我的空性，於是宣稱它擁有覺醒，捏造出覺醒的獨立自我（這種說法本身就是矛盾的），而遮蔽真理之光。自稱開悟的靈性老師越來越多，證明這個策略廣受歡迎（所謂「自我膨脹」或「靈性迷醉」）。就如我先前所說的，沒有人曾變得開悟，覺醒也不能以任何方式被人擁有，因為它不是一種對象或心理狀態，而是一切對象的不可見主體、所有經驗奧祕不可測的背景、照亮所有現象的光。企圖掌握它，它就從你指間流逝。放下它，它就充滿你手。

即使是一再見於《奧義書》和其他偉大靈性典籍的終極宣示「我即汝」（汝指終極實相），也不是指獨立自我能以什麼方式包含絕對，這句話只是表示獨立自我不存在，只有絕對是存在的。在徹底的自我體悟中，任何身分感（即使連結到終極實相），都消融於本體我的大海之中。

但人心會緊緊抓住一種特殊的心理狀態，比如極樂或愛。「自我」驕傲地向自己（可能也如此對別人）宣稱：「我是多麼喜樂或平靜啊，這是我靈性成就的標誌。」但這種製造出來的情感完全與覺醒無關，只要你容許，它就會自然生起、消散。覺醒是非關個人、非關狀態、是一直保持不變的，而所有的狀態都是來來去去的。

在得與失之間來回循環

當頭腦追逐覺醒，相信曾經擁有，但現在不知怎麼失去時，會想著：「我現在擁有它，我現在失去它。」因為覺醒是不能被擁有的，所以也不會被失去。但人心誤以為特殊經驗就是開悟，一直嘗試重建它，而會說：「我一度覺得如此開放、如此寬廣、如此充滿愛、如此空無，現在卻沒有了。也許這代表我已不再覺醒，我最好盡一切可能來重新得到它。」

就這個理由來看，「覺醒」這個用語會造成誤導，因為它似乎是指時空中的事件，其實它是對超越時間、沒有疆界的存有層次的立即覺察。雖然伴隨這個覺察的能量現象（極樂的湧現、愛的高漲、深邃的平靜）非常吸引人，但重點是不要把焦點放在短暫的狀態，而是向覺醒、超越時間的當下敞開，它已展現為你真正的自己。就像你一旦結婚，就不會嘗試重新創造婚禮，而是享受你的伴侶和你們共有的生活，同樣地，你也不需要一直嘗試重新創造覺醒，而是放鬆下來，讓覺醒透過你表達自身。

隱身於超越

阿迪亞向堤觀察到屬靈人士有害怕生活更甚於害怕死亡的傾向，有些人對覺醒引發的強烈轉化過程的回應是避免積極參與世事，退到超然見證者的疏離位置。這種策略會使覺醒從鮮活、生動的實相，轉成固著的立場或觀點，而無法在日常生活中展現、深化、體現覺醒，所以被稱為「禪病」或「靈性逃避」。

例如，你若主張沒有一個行為者，可能會謝絕做任何事，鎮日耗在頑固堅定的沒有作為。在社交處境中，你可能會留在外圍，超然疏離而不受干擾，但也沒有反應、缺少彈性，臉上掛著自鳴得意、皮笑肉不笑的表情。在關係中，你只參與到合你意的程度，但出現困難時，會拉回到一種不自然的平等心，堅持自己沒有任何感受或需求。「誰，我嗎？我從來不會生氣或不舒服，畢竟，我並不是真的存在。」「自我」以這種方式把覺醒當成藉口，以保持控制，退離看似需索無度、令人害怕、難以忍受或雜亂無章的世界。如果你無法控制舞台，就乾脆拒絕演戲。（關於靈性逃避，詳見第九章。）

害怕空無

當你第一次對存在核心的空無覺醒時，很容易把它體驗成浩瀚、光輝、靜默、充滿愛。但完滿、豐富的經驗逐漸消退時，「自我」可能將這個經驗轉成意義和身分認同的可怕欠缺，好像無底的深淵，人會在沒有任何支撐的情況下無止盡地墜落，這是很恐怖的情形。嬰兒期沒有得到足夠滋養和擁抱的人，可能把這種空無投射成年幼時所承受的寂寞無助、孤立無援；曾受虐待的人可能把空無看成潛在的侵犯和吞沒。本質上，「自我」是再次受到垂死和失控的驚嚇，雖然在另一個層面，「自我」渴望消融於存有的浩瀚大海。（否則你當初為什麼會追求覺醒？）

我的朋友蘇珊娜．謝格爾發生一次深刻的獨立自我感脫落的經驗（她的覺醒故事見於第六章），接下來是長達數年的時間，每當她試圖找出自己卻面對她的消失不在，就感到驚恐。最後，她遇見金恩．克蘭，他告訴她，只要放棄試圖在內在找到自我的習慣就好了。她遵循他的指示，無我的空性就逐漸綻放出全然的體悟，了解萬事萬物就是她的本體我。

換句話說，你需要停止從頭腦的疏離立場來注視空無，要讓頭腦消融於空無，並向外凝視世界，有如空無遇見自身。空無就是你的本質，不是你感知的對象。這種轉移必然會釋放恐懼，帶來存有深刻的平靜與放鬆。

在經驗的冬季迷途

初次向自我的空無覺醒之後，生活可能突然失去吸引力，看似乾枯、平淡、死氣沉沉。你也許會懷疑：「有什麼意義？不管怎樣，一切都是空。」你可能發現自己幻滅、不滿，尤其是你若曾心懷高度的期待，想要一種永遠喜樂、愉悅的人生。蘇珊娜．謝格爾在這種無聊、認命的牢籠耗費了數年，她稱之為經驗的「冬季」。頭腦這時再度把空無具體化，斷定它了無意義。唯一的解藥就是停止把空無概念化，視之為充滿活力的實相，並死在其中，直到它盛開，顯示為萬事萬物的源頭和本質。（不用說，空無並不會盛開，它已經是源頭和本質。盛開的是你的體悟。）

如何對待這些策略

面對頭腦的策略，最有力的方式就是認識它們的原貌：它們是細膩複雜的企圖，想減慢或破壞覺醒的過程，以滿足「自我」控制的需求。認識它們後，它們緊抓的力量立刻放鬆，但只放鬆一點點。接下來再自問是誰在認識，你會發現自己再度鬆開固著，安住有如純淨的覺察本身。你越留在覺察之中（不是以乾枯、疏離的方式，而是充滿能量地用你整個存有的方式），這些策略就越失去它們對你的束縛，你新發現的身分也會變得更深刻、穩定、堅固。

點燃真理之火

一旦你知道自己是誰，就已點燃阿迪亞向提所說的「真理之火」，一開始可能只是發亮的餘火，最終會成為暴烈的大火，燒盡路上的一切虛假。真理有一種自然的渴望或決心，要透過我們全然喚醒自己，一旦你曾讓

呼吸與體會

如果你曾瞥見你的真正本質，請想一想你的頭腦曾用什麼方法來遮蔽這個真理，哄騙你回到半睡眠狀態。

瓶中的精靈脫出，就不可能再把它塞回去。你珍愛的信念、價值和假設已不再安全，可能會在你眼前燒成灰燼。就如第二章談到的，西藏上師丘揚．創巴仁波切喜歡警告學生在開始靈性道路之前要仔細考慮，因為一旦他們走上這條道路，就無法回頭，他們的生活會逐漸被法或真理的力量所掌握。

如果你的意圖是為自己得到什麼而來玩覺醒的遊戲，你可能會驚訝、氣餒地發現你需要放棄的其實遠多於你所能想像的：成就、舒適、身分、財產，簡單說來就是比你珍惜擁有的一切再多一點。真理要求的不多不少於真理，覺醒之後的轉化旅程就是在你生活的每一部分，讓你體悟的真理逐漸體現、得到實現。

※我仍不清楚所謂「自我」在覺醒時發生什麼事。當我完全去除對它的認同時，它怎麼還會繼續作用呢？也許它還有某種重要的目的或角色。

在不二論傳承中，「自我」這個用語是指把身分認同、執著、控制欲連結在一起的黏著劑，使各種思想和感受組合成獨立自我的幻相。你覺醒時會看穿這個幻相，黏著劑開始鬆脫它的掌控，但可能要花很長的時間才能完全放下。西方心理學講到的「自我」則有些不同，它是指基本的內在功能，用來調解外在世界與本能的驅力和欲望。（「自我」在一般用法中，又有各種不同的意含。）你覺醒時，佛洛伊德及其後繼者所描述的「自我」功能會繼續作用，活在世間是不能沒有它的。在實用、日常的層面，當然有內在和外在、我的和你的，「自我」非常有技巧地調解這些差異。可是，覺醒之後，你知道你並不是「自我」扮成的任何樣貌，它也不再控制你的生活。

※經過多年的追尋，我已對許多人全心追求的成就和財產失去興趣，但我不能自稱已經真的覺醒、知道我是誰。我發現自己在說：「就只是這樣嗎？應該還有什麼別的東西才對。」

你似乎經驗到聖十字若望所說的「靈魂的暗夜」，你在其中失去熟悉的世界觀和習慣的自我感，又還沒有完全體悟你是誰。暗夜常常被形容成跨越乾枯、荒蕪的地域，看不到解救，容易落入憂鬱或絕望，或是質疑教導是否有效。

在我的經驗中，這段期間往往因為頭腦認為覺醒應該是什麼樣子而被強化或延長。你一直在嘗試理解實相，而不是放下、與原貌同在。單純、直接地經驗原貌，你就有機會跳出頭腦造成的昏睡（「不只是這樣，我還沒有覺醒，必然還有別的東西才對」），而向存有光輝的豐滿與完全覺醒。只要一直放下，向原貌臣服。

※但我要如何放下？就如你說的，「自我」就是被設計來緊緊握住珍愛的生活。

當然，你說得對。虛幻、獨立的自我不能「做出」放下，但你若能覺察自己的緊握不放，不帶著抗拒或批判，「自我」的緊握就會自然放鬆。接下來，如果你的傾向太強，可以自問：「誰在覺察？」（或是你若已經覺醒，就只要回想你是誰），放下會自然發生。

不二論的純粹派相信沒有任何人在做任何事，這些都沒有任何意義。但只要你認為自己是選擇者，就選擇覺察和放下。當你知道根本沒有選擇者，就不需要放下，因為放下已經發生了。

你認為自己是誰？

撥出十五到二十分鐘做這個探索。閉上眼睛舒適地坐幾分鐘，然後問自己這個問題：「我認為自己是誰？」列出所有你認為是你的身分、特質、能力、影像、記憶、角色和成就。不要為了企圖屬靈而有任何隱瞞，只要一直問這個問題，寫下你想到的答案。「我是很棒的情人、口才很好的人、精湛的音樂家、有愛心的父親、盡心盡力的女兒、知名的作家、成功的律師」等等。請確定你所寫下的也包括了你多年累積的靈性身分，比如「我是佛教徒、基督徒、開悟的人、長期的禪宗學生、巫師、通靈人、上師的弟子、光的存有。」至少用五分鐘來做這個練習。（如果你在電腦上列表，請在寫完後列印出來。）

現在拿起你寫好的表，撕成碎片，丟進垃圾桶。你已擦得一乾二淨，消除所有多餘的東西，回到赤裸的你。現在自問：「沒有這些身分的我是誰？在『自我』出生以前，我的本來面目是什麼？我到底是誰？」

如果你得到更多概念性答案，就不要理會這些答案，繼續詢問。「自我」擅長無止盡地提供更多身分，你只要看見它們的原貌，並問：「我到底是誰？」

第八章

光之體現

當我停止擁有（身體或情緒的痛苦），我就釋放自己，脫離其束縛，並看見它就只是它。

——東尼．帕森斯

許多追尋者認為靈性覺醒是一種瞬間的轉化，會以完滿的形貌浮現，再也不需要發展或深化。畢竟，悉達多太子坐在樹下，八天後離開時，不就是全然開悟的佛陀嗎？十六歲的學生溫卡塔拉曼（Venkataraman）假裝死去，半小時後起身，不就是完全與本體我融合的偉大聖人拉瑪納．馬哈希嗎？即使是修行多年以達到開悟的人，也都期待開悟是一次而永遠的發生，就像童話故事的快樂結局。傳統故事有支持這種觀點的傾向：聽到石頭打到竹子的聲音就覺醒的僧侶；被老師的鞋子打到就身心「脫落」的禪師；可憐的研究生帶著疑問入睡，隔天早上醒來就完全沒有自我的痕跡。

當然了，確實會出現徹底而完全的開悟經驗，就如傳統故事所說的情形。這些罕見的例子會名留青史，正是因為它們非常特別，真理之光驅散所有殘存的黑暗，留下全然轉化的聖人，沒有任何心的舊習和模式的痕跡（這些習性和模式會產生痛苦和反射性、潛意識的行為）。

可是，更常見的情形是，最初的覺醒是較隱微而不確定的，有如搖曳的燭光，無法像明亮的正午日光驅散黑暗，或是像火爐中發熱的煤炭，無法像蔓延的烈火燒毀房屋。一旦光被點亮，你就不再徘徊於黑暗之中，你一次而永遠地看見自己是誰，這個認識是立即、無誤、不可逆轉的。但就如我在第七章解釋的，你可能一再忘記自己是誰，這種自我認識的光可能不夠強烈或清楚，還不足以穿透你生活的每一部分，無法照亮困難的問題，工作、家庭、關係的困境，或激烈的情緒和習慣的反射模式。雖然你全心投入覺醒，仍可能發現自己仍未住在你喚醒的光輝奧祕之中。

我有許多案主和學生都談到從特別強而有力的隱修聚會回家的情形，他們在隱修聚會對自己的靈性本質體驗到清楚的認識，回家卻立刻落入對配偶或子女大發脾氣的情形，或是為了不重要的小事陷入恐懼。不用說，這種突然、無法控制的爆發會使你懷疑自己的覺醒是否真實，甚至全然質疑覺醒的價值。

事實是，覺醒通常在瞬間發生，但覺醒引發的轉化過程往往非常緩慢，可能要花費一生的時間。一旦你知道你是誰，接下來的問題就在於你如何能在生活的每一刻活出這種認識？不只是在隱修聚會或禪墊上，而是在你做的每一件事裡，你如何體現你知道自己所是的喜悅、自由、愛，以及靜默的當下？然而大部分靈性傳承幾乎都不談論這種體現的過程，也很少（如果有的話）指導人在過程的展現中如何參與和支持這個過程。

揭示真理之火

當我描述靈性的體現時，常常引用火和光的隱喻。就如火的功能是燃燒，光的功能是驅散黑暗，同樣地，真理的自然動作是照亮並燒毀所有扭曲、謊言、自欺，以及使你一輩子陷入痛苦和困惑的自我挫敗故事。

當你覺醒進入根本存有的無限光輝，就打開了火與光，一旦揭開，它們就有自身的強烈動能和進程，你會發現越來越難躲藏在反射動作、奮力掙扎和潛意識的習性模式裡。每當你對控制執著不放、念念不忘或耽溺上癮時，你自由的存有真理自然會撬開你緊握的手指。每當你麻木或盲目時，清醒的真理會在你耳邊低語（或是大喊），嘗試再次喚醒你。每當你繼續欺騙自己，活在舊有的制約或無法根據最深的存有真理而行動時，在每一個層面都絕對誠實的真理會催促、提醒你加以注意、坦白承認，讓生命從你流出。

一旦覺醒，真理之火透過你的語言行動而自然體現自身時，有可能非常干擾、使人不安。請不要誤會：真理是堅持不懈的力量，最終要把你的身心轉化成無比的平靜、愛、光輝和喜悅的流動表現，這是根本的你。這個力量有時會被經驗成無情的能量，不讓你安頓在熟悉的常規和模式之中，因為它們對你的覺醒已不再有用。有時候，它會被經驗成溫暖、無垠、堅定的慈悲，自然地接納和療癒你自身所有緊縮、受傷的部分，用你根本性質的光與愛包覆它們。

在覺醒的光中，許多人發現自己舊有的身分，以及對自己和他人積累的信念，已不再有任何意義，而逐漸脫落，好像成熟的果實從樹上落下。當你體悟你所想像的獨立自我其實並不存在，就可能發現你原本相信可以為虛構的小小自我提供地位和財務安全感的工作，現在似乎已了無意義，就像我在第七章描述的學生一樣。或是你可能發現，僅僅以分享個人歷史和未來目標為基礎所開始的關係，現在似乎顯得空洞、無法令人滿足，因為目標已失去吸引力，個人歷史也不再適用。或是你可能發現舊有、未解決的情緒，比如怨恨或哀傷，都開始浮上表面，需要面對和釋放。我有許多學生抱怨覺醒顛覆了他們舒適的小小世界，不論怎麼努力嘗試，都無法回到舊有的存在方式。

呼吸與體會

停下來一會兒，注意你現在的感受。不要為經驗貼上標籤，只要讓它在你的覺察中展開，沒有抗拒或偏好。放下故事與評論，允許經驗如其所是。

活出真正的整合

當你存有的真理在每一刻全然體現自身，你就不再努力控制你的生活，你會臣服於生命之流，與之合而為一，生命會毫不費力、沒有衝突地活出自身。與其嘗試把你的議題強加於生命，不如放鬆、敞開、寬廣、清醒，與整體生命想透過你表現自身的方式協調一致。你歡迎如其所是的方式，因為你經驗到萬事萬物都與你不可分割，你體悟這個永恆片刻的原貌是完美又完整的，就會找到深刻的滿足。就是它！簡言之，你全然活在一體和完整的真理中，你向它覺醒，而不是切割真理，把它限制在你生活的某些部分。

體現的過程最終會要求你活出真正的整合，也就是與你存有最深的真理協調一致。有趣的是，「整合」（integrity）這個字本身出自「一體」（oneness）或「整體」（wholeness）的拉丁文字根，並不是指遵循某種既定的規則，而是從生命已是完整不可分割的體悟發出行動。當你一直與整體的運行和諧一致，根據你「內在」和「外在」的一切都是你原貌表現的認識，來回應處境，而不是根據規則來回應時，你就住在整合之中。但如果你的行動是出於你是整體中為自己謀利的一部分，與其他部分不一致時，不論你如何努力嘗試遵守規則，你已脫離了整合，也必然造成自己和他人的痛苦。

當你脫離了整合，生命就會送出一些處境，讓你有機會回到與真理的協調一致。例如，假設你在大自然散步或與朋友聊天時，展現出真我的喜悅與平靜，卻在面對困難的財務問題時害怕退縮，或是有人在工作中威脅到你的權力時就緊張生氣，真理會在自然走向體現的行動中，一直為你送出具有同樣挑戰性的處境，以邀請你放下控制，根據最深的體悟來生活。財務問題可能會一直困擾你，直到你能放鬆生存的恐懼，想起自己真正的本質永遠不會被毀壞。或是同事可能不斷與你對抗，直到你不再視他們為對手，而是你共享的根本自我的表現。

我第一次研習禪宗的十六條道德戒律時，老師一直強調這些行為準則（比如「不殺生，不偷盜，不說謊」），並不是必須強加於生活的外在武斷標準，而是在描述全然開悟的人如何自然地行事為人。不要把焦點放在遵守傳統的指導方針，畢竟，環境像流水一直變化，無法加以約束或界定；而要由你清醒、明晰的體悟，從內在向你顯示如何整合地行事為人、符合戒律。

「自我」如何抗拒體現

基本上，我的老師是對的，但他忽略了活出和體現這種明晰的過程往往是長久而充滿挑戰的。真理自然會邁向整合，然而「自我」把你視為孤單獨立的自己，冒險生活在許多其他獨立自我的世界之中，所以「自我」不在乎整合的行事為人，但可能在符合自身目的時假裝在乎。它致力於不計一切代價地保有控制權。事實上，就如上一章談到的，控制是「自我」存在的理由、是它的工作內容，而它也把工作做得很好。覺醒和體現似乎會威脅到「自我」的存在，因為它們會導向放下，與生命之流協調一致，這正是「自我」被設定來抗拒的情形。

根據西方心理學，「自我」在童年早期浮現，其作用是調解內在經驗與外在環境。成長中的兒童會面對挑戰，在不確定、混亂或威脅生命的處境裡，在試圖抓住安全感和控制權的過程中，「自我」會變得越來越堅實。即使你的童年比較快樂、得到許多關愛，仍然會遇到一些環境教導你是獨立的人，需要以某種方式保護、防衛或促進自己。當你長大成人時，會在清醒的每一刻都企圖對你生活的某個面向施加控制。

仔細觀看，你就會發現自己是多麼抗拒事物的原貌，嘗試讓事情與其原貌有所不同。你和朋友或家人在一起時，可能會監測自己的言語行動，以確定能引發你渴望的愛與贊同。在親密關係中，你可能因為害怕衝突而不敢說實話或表達出你真正的需求。你趕著上班時，可能在方向盤上猛按喇叭、加速超車，或是抱怨交通狀況。一整天下來，你可能不斷地控制外在環境好讓自己隨時保持最舒適的身心狀態。靈性「自我」也無法免疫於這種控制癮，事實上，這可能是最公然明顯的控制了，因為靈性人士似乎盡全力取得和維持愛、穩定感和極樂的經驗，避免生氣或害怕之類的「負面」情緒。

所幸「自我」會在覺醒展開的旅程中，逐漸放鬆它的掌控。初次覺醒的光呈現出獨立自我的空無時，某些較明顯的操縱和控制很容易就沒有立足之處。例如，你可能停止剝削員工，或不再對小孩大吼大叫，因為自己和他人的界限突然消融，你再也無法把他人當成與你分離的對象來看待。然後，隨著覺醒的深化和擴展，你的生活與覺醒的觀點越來越一致，當「自我」了解，在你放下並讓生命流經你時，生活仍能有效地繼續下去，甚至比以前多出無限的滿足與和諧，就可能進一步放下它的掌控。

可是，即使你已經覺醒，在大部分時間中，「自我」仍會對你生活的某些部分，頑固地一直保持控制。你的「自我」可能讓步說：「在關係中，或是和家人朋友在一起時，我可以放鬆和放下。但與金錢和健康有關的事，我必須緊緊掌控。」例如，我有一位朋友經歷一連串深刻的體悟，以無數的方式轉化他的生活，但他仍一直掛慮他的健康，無法信任意識或真我也能為人生的這個部分負責。此處的核心議題在於信任：「自我」被設定為不要信任，因為它早年的發展就是在回應不確定或不可靠的處境。如果你擁有快樂的童年，很少遇見缺乏信任感的情形，你的「自我」會比較容易欣然放下。但如果你的信任一再受到背叛，比如失望、拋棄或虐待，你的「自我」就會緊緊抓著珍愛的生活，因為它不信任存有的根基會支持你。「自我」對控制的頑強需求，背後通常是與人生有關的核心故事或信念，必須加以承認和探討。

為了避免把「自我」說得一無是處，我想強調它並不是你的敵人，它是把人生視為戰場而全力以赴的將軍，它可能曾引導你、保護你，讓你度過許多艱難的時光，它相信自己必須一直保持警戒。問題在於你一旦覺醒，就會領悟人生即戰場的信念只是心智的建構，因「自我」而一直存在。你可以說「自我」是稱為「人生」的電影中的編劇家、導演、製片人和明星，但沒有一個角色和你有任何關係。當你從電影走出來，進入實相的明光，「自我」就不再需要扮演角色，可以徹底放下控制。或是更常見的情形，它可能撤退到某個深藏內心的堡壘，在更隱微、更潛意識的層面保持控制。不論哪一種方式，你所是的愛終究都會擁抱「自我」，視之為全力以赴的僕人，只是錯誤地承擔了主人的角色。事實上，它只是一種功能或機轉，並不是具有實體或持久不變的真實。

如何支持體現的過程

在此，你可能感到疑惑，你能做什麼來促進體現的過程。容我先提醒你，相信自己可能做什麼而使體現發生的「你」，只是經過偽裝的「自我」，再次試圖把它的議題強加於人生。「自我」必然相信：「在此有什麼不對勁、遺漏了什麼。不管體現是什麼意思，我一定還沒有完全體現，我需要儘快改善處境。」但你只要放下，停止抗拒和控制人生（包括所謂的體現過程），並讓一切如其所是，那麼，全然、完整的體現是在此時此地就可以取用的。

你可能納悶：「那麼，我如何放下和停止抗拒呢？」再一次，你可以詢問「自我」是否只是在尋找另一個策略，以成為更好、更屬靈的你。你無法「做出」放下，它只是在覺醒之光照亮你仍然緊握不放的無數地方時，自然地發生。如果有任何策略，就是：保持覺醒！當你再次緊握，抗拒原貌時，會感覺到「自我」在腹部的緊抓、心的緊縮、肩膀的緊繃，這時就停下來詢問：「此刻是誰在覺察？我到底是誰？」你立刻會發現自己跳出剛才的過程，再次擴展、寬廣、清醒，而且不做出反射動作。現在心領神會地住在這個寬廣的覺醒中，不要嘗試以任何方式改變外在的處境。

一般說來，體現的道路會要求你每一刻都住在你的認識中。就如與我亦師亦友的阿迪亞向堤所說的，為你知道自己所是的真理服務。不要讓自己掉入舊有的模式，而要在每一種處境活出靜默的當下：你在覺醒時體驗到的空無的豐滿、開放、平靜和清明。換句話說，就是你的原貌。

這需要我的老師金恩・克蘭所說的真摯或真心誠意，在所有環境中對真理深刻、不變的承諾。覺醒有點燃這種承諾的傾向，但「自我」作亂時，這個承諾有時會顯得無力。如果你看來有所選擇，就一次又一次地選擇真理，不只是你存有的絕對真理，也包括當下的相對真理。「自我」努力保持控制時，有捏造、遮掩或逃避真理的傾向，想為自身的利益而操縱情境。體現的過程則要求你誠實以對，不要在意結果，這是進入未知的重要一躍。

例如，你在關係中可能習慣說善意的謊言，以避免衝突，並得到伴侶的贊同，但你在過程中放棄了你對真理的承諾。如果你一直誠實說出你的經驗，不是以粗暴或批判的方式，而是溫和、誠實地表達，你的關係會變成什麼樣子呢？如果不嘗試以操縱伴侶的方式得到你想要的，而是直接要求，讓你的伴侶在不想要時可以自由拒絕，會是什麼情形呢？你準備好放下那麼多，成為脆弱、歡迎未知的人嗎？如果你沒有做好準備，最終就會犧牲自己的清醒，哄騙自己再次回到睡夢之中。

呼吸與體會

一開始先閉眼靜靜坐著，然後睜開眼睛環顧四周，同時對自己說故事：你陷在一個可怕、無法處理的人生處境，完全不是你想要的情形。注意你有什麼感受。閉上眼睛，再次睜眼時，環顧四周，同時對自己說故事：每一件事的原貌都是完美的，它正是神或靈的示現。注意你現在有什麼感受。

活在故事之外

當你全然體現你存有的真理，就不住在自己所以為終身如此的故事中，而是在你一直以來所是的純淨、空無、光輝的覺醒。不要把自己想成個人的中心，以為四周是你人生故事自行演出的劇碼，你現在是浩瀚、無礙的空間，人生在其中展現出非關個人的奧祕，你的身心只是整體表現形式的一部分。你現在可以自由地回應，不是出於心理記憶，而是從不知道的心中無限的新鮮、開放和慈悲來回應。許多人在覺醒後有很長一段時間體驗到這種存有方式，但在覺醒退入背景，舊有的故事再度浮現時，就似乎失去了這種存有方式。

拜倫．凱蒂多年來常常憂鬱和暴怒，她住在中途之家時，看見一隻蟑螂爬過她的腳板，體悟那隻腳不屬於某個人，而對自己的根本性質覺醒，獨立的自我感完全脫落，她重生為純真的覺醒，沒有個人的經歷，甚至連名字也沒有。但每當凱蒂發現自己「黏」上一個想法（這是她的說法），就發現她再次開始痛苦。於是她發展出一套詢問法，讓她能探索和釋放使她痛苦的想法和故事。出於這種親身經驗，產生了「拜倫．凱蒂工作法」，凱蒂最初稱之為「偉大的取消法」，因為它讓她鬆開故事的掌控，這些故事原本一再困擾她，但終於不再影響她。

你可以用自我詢問的方法，把注意力轉回本體我，引發你對存有真理的初次覺醒（詳見第五章），同樣地，你也可以用這個工作法或其他形式的探索，對覺醒展現的空間中，一再回頭湧現、充斥的種種信念與故事提出詢問。你可能發現自己再度相信「我不夠好、我不安全、人生充滿掙扎、沒有人愛我。」你可以用凱蒂或其他人推薦的詢問方式來回應：「真的嗎？我真的能知道它是真的嗎？我相信這種想法時，會如何回應呢？沒有它，我會是誰？」透過全心全意的自我詢問，故事會逐漸失去其掌控，退回背景或完全消散，而你會再度安住，如同開放、無華的覺察或當下，沒有圓心也沒有圓周。安住與詢問的這種自然變動，就像走路時左腳與右腳的交替移動。

只要你看來有所選擇，就盡可能選擇安住或留在你根本性質中開放、無華的覺察與無限的愛，以詢問來面對每一個故事或信念。最後，安住和詢問會變得不需選擇、毫不費力，就像眨眼和心跳一樣，而體現自然會加深與擴展。特別難纏或深植的「核心故事」，吠檀多傳承稱之為「習性」（samskara），佛教稱之為煩惱（Kleshas），或許可以引發更多深入核心的探索，第九章會加以討論。

透過脈輪體現

覺醒的體現會從上到下流經各個脈輪，從靈性明光的上層脈輪流向心輪，進入身體下層和較本能的中心。許多人初次覺醒的形式是深刻地洞察實相的空無本質與獨立自我的不存在，但除非這種洞識完全被心接受，並讓它轉化你的生活方式，否則可能只留下一種強烈的靈性觀念，最多也只不過是觀點的轉變。

例如，你是純淨、無限的覺醒或當下，這種體悟集中在上層脈輪，或許能為你提供大量的平等心和超然無私，但除非這種體悟能下降並綻放，更深地知道你遇見的每一個人和每一件事都是相同的當下、相同的真我或佛性，否則你的心就還沒有覺醒，沒有讓根本自我的無窮之愛與慈悲得以流動。有了心的覺醒，見證者疏離、乾枯、超然的觀點（這種情形仍在自己與他人之間帶有隱微的分裂）會消融於無條件的愛，這種愛能容納、擁抱每一件事，毫無例外。覺醒的心不限於胸腔的能量中心，最終會展現自身就是實相的無限根基，是為萬物賦予生命的愛之流動。就如尼撒哥達塔所說的：「當我向內看，看見我什麼都不是，這是智慧。當我向外看，看見我是一切，這是愛。」

停留在心輪可能是很強烈的經驗，但只是更深階段體現的開始。如果你在下層脈輪有未解決的議題、核心故事或業的難題，當你覺得遇到挑戰或威脅時，還是很難以實際、體現的方式表現愛與智慧。例如，如果你兒時常覺得羞恥或被壓制，你現在覺得被批評或批判時，可能忘記自己是誰而大發脾氣，甚至會把你的想法和批判強加於別人身上。如果你過去常被遺棄或受到排斥，當重要的家人或朋友收回對你的贊同或愛時，你可能會有恐懼或暴怒的反應。如果你以前覺得不安全或不被支持，現在可能一直對身體或財務狀況的穩定與否感到不安或懷疑。

由於這些下層脈輪的擔心如此深印內心，很容易遮蔽或妨礙你最近對根本性質剛出現的體悟。不論你的心與頭腦多麼覺醒，你還是會一再受到強烈情緒反應的伏擊，這些反應會緊緊抓住你的身體，使身體無法回應上層脈輪的靈性認識。丹尼爾．高曼（Daniel Goleman）在他的暢銷書《ＥＱ》（*Emotional intelligence*）中，稱之為「情緒勒索」。

隨著真理的體現持續下去，你本然所是的愛自然會向下移動，進入下層脈輪，以擁抱並修復這些卡住的核心部位，就像光的本質就是會照亮黑暗的每一角落。在過程中，舊有的習性和麻煩的情緒可能會被激發，結果可能使你覺得覺醒好像令你更痛苦，而不是更解脫。這時，你可能需要更密切地處理這些根深柢固的反射模式，下一章將深入討論。

※你談到說實話的重要性，但說實話有時似乎會使我陷入麻煩。

這要根據你所謂的實話是什麼而定。我身為治療師的工作中，會鼓勵案主說出「無可辯駁的事實」，也就是無法反駁或爭辯的經驗事實。這種實話是描述你自己的感受與感官，這不會對別人或情境提出有爭議的主張。例如「你在施虐」或「你說你愛我，但你其實不愛我」的說法並不是事實，只是你的看法，無疑會引發別人強烈的反應。如果你說的是「當你這樣對我說話，我覺得緊張、生氣」或「你說會打電話給我，而你卻忘了時，我覺得心口很痛，我會懷疑你對我的愛」，這是無可辯駁的事實，雖然別人可能不喜歡這些話的意含，但沒有人能反駁這些話。你並沒有攻擊或防衛，而是展現開放與脆弱，因此有機會得到真誠、實在的回應。

※你描述的體現過程聽起來很像修行的進步之道，要使自己成為真理更好、更有效的載具。兩者有什麼不同呢？

首先，體現不是你能做出來的，但修行是你可以做出來的。當你覺醒的真理在你生活中的每一部分自然展現自己時，體現就開始自發地出現。一旦你看見自己存有的真理，就再也無法活在以前的謊言中。當你越來越清楚，謊言就越來越刺眼。

此外，真理有自己的智慧，會以神祕的方式促使你自由，而千篇一律的修行只是假裝知道真理向你要求什麼，其實並不知道，因為它們已公式化，並不考慮你的存有與生活處境的獨特性。

無論如何，求進步的修行容易使你的注意力轉離真理，使你成為偉大的尋求者，卻是不滿足的發現者。現在覺醒吧，讓真理體現自身，這是必然發生的。

※如果我在覺醒之前修習某種求進步的技巧，覺醒後的過程不會比較順利嗎？

也許會，也許不會。就如我先前提到的，求進步的技巧會強化獨立自我的信念，覺得有一個獨立自我造成覺醒的發生，使這個信念更難脫落。覺醒之前已修習禪修多年的人，有時會有一段時間較容易認識和接受覺醒帶來的身分轉移，但這種經驗豐富的禪修者也可能頑固地緊握自己的靈性信念，而很難放下，不願讓真理走上自己的方向。

在你描述的情形中，頭腦關注的不是覺醒，而是使「覺醒後的過程比較順利」，不管這是什麼意思，你怎麼可能知道覺醒後的過程應該怎麼走呢？何不把這個問題留給神，這是祂要負責的事，然後把你的注意力集中在發現你是誰？

覺醒的呼喚

魔鏡、魔鏡

撥出十到十五分鐘做這個探索，一開始先閉上眼睛，靜靜坐在一面大鏡子前，放鬆地呼吸。幾分鐘後，睜開眼睛，凝視你在鏡中的影像，不管怎樣都不要集中焦點，讓你的凝視帶著溫柔與關愛。如果發現你自己的目光轉向別的地方，就溫和地轉回你在鏡中的影像。

一開始，你可能發現有許多冗長反覆的批判和意見：「我看起來很老、很疲倦、沒有吸引力。瞧我的眼袋或是下巴鬆垮的贅肉。我需要剪頭髮、刮鬍子、燙頭髮、整容。難怪沒有人想和我約會。」這些可能性是無止盡的。其實大部分人都很少看著鏡中的自己而不伴隨著故事。注意評論，然後放下，繼續你溫柔深情的凝視。

許多人談到自己在小時候，父母無法真正看見和接納他們的原貌。你在此有機會為自己提供這種接納。

隨著層層批判的脫落，你可能發現情緒的波浪生起，為過去的痛苦而哀傷、因未來而恐懼、對未解決的不公不義而憤怒。讓這些感受過去，不要對它們執著，也不用嘗試了解它們，繼續凝視。

最終，你可能發現自己連結到表相背後的本質，故事與感受之下的真我，從你雙眼綻放出來的內在之光。你可能經驗到眼前的形式消融進入空無的空間，或是體悟正在觀看的那一位並不是你在鏡中看見的人。不論發生什麼情形，注意它，並繼續你溫柔深情的凝視。結束時，注意你對自己的經驗是怎麼改變的。

第九章

釋放光中的黑暗

這個明亮的本體我想要釋放自身的一切，真切地愛著自身所有的風味。這個明亮的光輝為自己返回，為每一分困惑返回，為每一分自身的苦難返回。

——阿迪亞向提

我第一位禪學老師是溫和的怪人，較喜歡自然、即興的發揮，甚於傳統的儀式。他鼓勵學生練習他所謂的「游擊禪」，意思是在工作、家庭和日常生活的其他狀況中，獨自禪修。我愛他有如父親，但多年後，我對他不符合習俗的方式感到不耐煩。我畢竟是出家的僧侶，渴望加入書中讀到的某種密集深入、全力以赴的禪修訓練。我想全心投入修行生活，而不是在舊金山郊區某人改裝過的車庫禪修度日。

我終於離開他，向另一位老師學習，這位老師自誇有耀眼的證書（他在三個不同的教派被認證為開悟者），而且似乎信奉較傳統的禪修方式。可是，我轉到他帶領的禪修中心後，不久就驚訝地發現他的行為不符合開悟者在我心中的形像。我的第一位老師是仁慈與耐性的體現，但這位禪師卻不一樣，如果事情沒有按照他的方式進行，就容易大發脾氣。在規律課程的休息時間，他一定會喝酒，常常在公眾面前喝醉，我成為他的侍者時，發現他與學生進行一對一會談時，仍帶著醉意。我後來知道有幾位女學生在個別會談時受到性搔擾而離開禪修中心。我發現這位禪師在開悟行為的掩飾下，做出不當、自私的行為，對別人造成傷害。

由於我渴望他提供的佛法和靈性「進步」的許諾，而刻意不去面對自己的擔心，在那裡待了將近五年，才脫下僧袍，離開去學西方心理學。我最後的結論是，如果這位老師是禪宗提供的榜樣，那麼，只靠傳統修行就不可能使我成為更健全、更智慧、更慈悲、較不會做出反射動作的人；我覺得在我教導別人之前，必須更了解人的心與腦的運作。我離開兩年後，那位禪師與一位資深學生的戀情被揭發，矯治酗酒的課程也無法改變他的傾向，禪修中心因此瓦解。這是我學到關於靈性逃避的第一課，由此了解靈性逃避可能造成什麼潛在的後果。

靈性逃避的影響

靈性逃避是指留在上層脈輪（見第八章）寬廣的空無中，把靈性體悟的不二語彙當成藉口，以此逃避或忽視造成問題的行為模式，或是具挑戰性的心理或情緒議題，使我們無法在每一刻活出這種體悟。靈性逃避在本質上是另一種更精密的方式，讓「自我」保有對生活的控制。

舉例來說，藉靈性而逃避的人可能做出輕率或麻木的行為，卻拒絕加以檢視，不願為自己的行為負起責任，因為他們宣稱覺醒已釋放他們，可以不受行為常規的約束（上述禪師常以這種說法為自己辯護）。他們也可能容易陷入強烈的情緒風暴，卻辯駁只是一時的現象，沒有長久的意含，而不考慮這些情緒對周圍的人的影響。他們也可能因為害怕投入而留在生活的邊緣，宣稱一切只不過是一場夢，所以不需要認真對待。

禪修中心和道場充斥許多藉靈性來逃避的人，他們用一種製造出來的三摩地（一心專注），喜樂地坐在禪墊上，或是透過瑜伽的固定姿勢展現流暢、煥發的動作，然後回家對小孩大吼大叫、為錢或工作依然壓力重重，或是在日常生活中難以正常運作。這種情形聽起來是不是很熟悉呢？不用說，那位禪師只是比較明顯的例子，這些傾向是我們每一個人都容易產生的。

當然了，靈性覺醒的本質必然涉及某種程度的靈性逃避。當你對自己最根本、不可分割的靈性本質覺醒時，猛然跳出你的制約，體悟自己就是靜默的當下，是任何原本看似很難面對的思緒或情緒都無法碰觸、無法干擾的。你的制約在你原貌的浩瀚中生起又消逝，看起來再也不是問題，現在只有超越時間的層面存在，受時間限制的現象層面被經驗為只是神性的劇碼。因為覺醒通常至少會消除一部分的制約，使你覺得較自由、較不起反應，可能使你相信你的旅程已經完成，但其實更深體現的一生過程通常才正要開始。

這時，你可能忍不住想把覺醒變成固定的立場或觀點、令你執著不放的新身分、另一種你與生活建立關係的過濾器。你可能認為：「畢竟我已耗費多年追求覺醒，我終於得到了，覺醒屬於我，它界定了我是誰，我現在是覺醒的人，我可以自由做我想做的事。」傳統上，這種固著於覺醒身分的情形被稱為禪病，非常難以治療，因為它是如此誘人、令人滿足。「自我」在禪病中再度吸納覺醒，變成自己擁有的小小控制範圍。相對地，真正的覺醒是全然沒有任何固著或身分的，無法被轉變成一種立場或觀點。

靈性逃避是無法避免的階段，只有當覺醒的立場（此處是以矛盾修飾句來使用立場這個字眼）變得牢固不變時，才會造成問題。靈性老師特別容易有靈性逃避的情形，因為他們把自己設定成靈性智慧的供應者，

呼吸與體會

停下來想一想你自己最喜愛哪一種靈性逃避的品牌。你如何用你的靈性，逃避你生為人身的複雜性？你如何背棄自己的脆弱，採用靈性防衛的態度；背棄你的柔軟，採用疏離的姿勢；或是背棄自然的投入，表現出矯揉造作的超越模樣？

他們的權力和地位有賴於其權威的維持和保衛。我離開那位禪師去學西方心理學幾年後，碰巧在一場研討會遇見他，他邀請我喝茶。談了一些輕鬆話題後，我們聊到禪修中心的瓦解，那時他明顯變得生氣和防衛，我溫和地提醒他可能仍對當時發生的事還有著某些感受，他卻激動地反駁說那件事對他已不再是困擾了。

大多數不二論靈性傳承都會不經意地鼓勵靈性逃避，並對如何體現伴隨覺醒而來的深刻轉變和洞識，提供很少的指導，或是完全沒有指導。這些傳承基本上關心的是展現永恆，傾向於讓日常生活的俗事自生自滅。例如，不二論吠檀多的教導強調沒有獨立的做事者，每一件事都只是神性的劇碼，對那些耗費人生於繁重、無盡的努力和自我改善的人，可說是提供了令人欣然接受的慰藉。你終於覺醒，體悟一切都如其所是的完美，沒有任何事是欠缺不足或失序混亂的，持續修行想使自己更好的你只是幻相。但吠檀多對於本然完美的注重，可能使人誤以為一旦發生初次的覺醒，就完成了靈性轉化，你接下來做的每一件事不論多麼不當或自私，都是神性的完美表現。一位當代吠檀多老師顯然在這個錯誤觀念下努力，而對學生做出性侵犯，然後拒絕負起責任，宣稱身心機制只是根據其制約而產生行為，與他完全無關。

禪宗的公案往往被視為修行成道的方法，能具體呈現本然的佛性。但事實上，公案容易成為私密、隔離環境中的儀式化交流，不必然能推及金錢、權力和個人關係的世界。此外，大部分公案描述的僧侶和老師之間的隱祕交流，都發生在數百年前我們所不熟悉的文化之中，它們與日常生活血肉的關聯是我們不了解的，至多只能加以推測。我先前談到的禪師曾在兩個不同的傳承完成公案的學習，我多年來看見他有許多學生雖然長期學習公案，卻接二連三表現出最粗暴和麻木的行為。

這種傳統上對靈性體現的忽視，顯然有文化上的理由。在東方，大部分認真的追尋者會在寺院或道場度過一生，他們的行為受到周密的規範，體制的戒律和準則嚴格界定他們應該如何行事為人。傳統社會也有界限清楚的倫理規則和角色期待，例如男女之間如何相處，不同等級或階級的成員如何互動，都有明確的界限。在上述禪師的例子中，他的行為不符合他自稱的開悟，如果有傳承中的其他禪師監看這些情形，也不會認為他的行為在文化上是合宜的。而學生過度畏懼他的靈性地位與譜系（以及過度激烈的舉止），因此不敢正視他的靈性逃避。當他在場時，即使是他的妻子（原本是他的學生），也像其他每一個人一樣害怕。

相較之下，當代西方人生活在較流動、較沒有階級之分的社會環境，真誠、自發和直接溝通在其中受到的重視，遠甚於正確的社交或遵奉習俗的行為，因此我們在許多情境之下會憑直覺回應，我們的回應和別人坦率的回應成為持續不斷的回饋，使我們可以知道自己是否活出無我一體的覺醒實相，或是仍執著於固著的觀點。此外，我們的人際關係更為複雜，心理比較細膩，我們的朋友、伴侶和家人在彼此的互動中，會要求我們帶來存有的豐富和真誠的情緒表達，這是傳統東方所沒有的期待。

無論如何，容我說清楚：體現無關乎成為更好的人或符合自己或他人的期待；頭腦只會緊張地期待把體現變成另一種改善自己的計劃。但體現與自由和真誠有關，與你在生活中流出光輝的空無有關，而不是流出受制約的頭腦及其先入為主的觀念和議題。當你體現真理，你的生活就沒有衝突或抗拒，能與事物原貌的流動和諧一致。

承諾更深的體現

雖然我們的文化強調真誠，但即使是在西方，也仍有許多逃避體現過程的機會，例如，道場、禪修中心和其他靈性社群與團體，常常模仿他們所依據的文化，鼓勵人使用靈性術語、順從傳統指導，而不是表現真誠的行動和自我表達。不論東方或西方，終究只有在每一個層面都對真理做出深刻全心的承諾，才能克服靈性逃避的自然傾向，不斷拆除「自我」想要建構的種種固著情形。真理之火必須燒得夠亮，使你渴望全然的自由，遠甚於「覺醒的地位」所能提供的權力、舒適或認可。如此你會願意面對反應模式、痛苦和控制的糾結，承認真理還沒有在你的生活全然體現自身，而願意敞開自己，讓你根本性質的愛與覺察得以進入。

這種堅定的探索需要區辨的智慧，能看見實相本然的完整與完美，同時又承認相對的不完美，仍有卡住的地方，尚未被覺醒照亮、恢復。透過這種智慧之眼，你能認識無縫一體的實相本質，又能辨別絕對真理與相對真理的差異（見第一章）：「對，我了解我只是純淨的意識，但出於某種原因，我仍會受苦，仍然陷在人生劇碼的混亂之中，因害怕而緊縮或因生氣而爆發，仍然有不當的行為，對別人造成傷害。」「我知道我是佛性的化身，但我並不是每一刻都活在全然開悟者的平靜、愛和自由之中。」就如鈴木俊彥（Shunryu Suzuki）禪師所說的：「在完全平衡的世界中，我們一直失去自身的平衡。」這種體認並沒有任何批判或責備的意思，只是堅定不移地注視真理，因為你體認不完美和不平衡是無法避免的，與你的真實原貌無關。我們在此再度遇見核心的矛盾：一切都如其所是的完美，但屋頂漏水時，就需要修補。

如我先前所說的，罹患禪病的人容易陷入絕對的觀點，將之轉成固著的立場。結果他們可能有遲鈍、不當的行為，因為他們拒絕承認「自我」仍會以未被辨識出的方式控制他們的行為，也就是說，他們還沒有全然體現。與我亦師亦友的阿迪亞向堤曾在數年間出現一系列的深入覺醒，每一次之後（特別是最後一次），他會聽見一個聲音告訴他：「不只於此，繼續走下去。」就是這種對真理堅定的承諾，能激發靈性體現的過程。

釋放情緒體

真實的靈性覺醒，會摧毀你耗費一生建構個人信念與身分的舒適小小世界，展現你的真正本性就是存有的浩瀚。雖然舊有的故事會一再回來重申其控制權，但在探索和詢問的光中，它們通常會快速消散。一旦頭腦的概念被清掃乾淨（至少是暫時清掃乾淨），就比較容易辨認和釋放生起的概念。一旦你對自我的空無有了直接的洞識，就很難再長久假裝自己是某一個人。

但情緒的認同比較根深柢固，比較「隱於黑暗之中」，不會很快就回應清醒的覺察之光。你也許知道自己是誰，也比較不受限於固定的信念和故事（或至少能在它們生起時辨認出來，不會執著），但仍會以強烈、本能的方式對環境起反應，辜負你的靈性認識。覺醒已照亮你上層的脈輪，但還沒有向下達到情緒的中心，這是「自我」所建立、較難接近的堡壘。我所認識有過強烈覺醒經驗的人，大多仍會受到情緒的襲擊，如果不是經常發生，至少也會偶而出現。而許多人會察覺一個或多個情緒中心持續不斷地收縮，表示情緒的能量有尚未覺醒的固著。這種卡住的地方有可能在任何時刻爆發，而產生反應、造成痛苦。

許多東方靈性傳承完全忽略情緒的面向，寧可鼓勵超越和靈性逃避。知名的日本禪師道元曾經描述打坐（坐禪）的特徵是「在群魔頭上跳舞」，他的意思是坐禪產生的專注力量會製造純淨、清醒的強大力場，使所謂負面情緒和污穢不潔無法接近。我在一九七〇年代研習禪學時，被鼓勵在情緒有困難或問題時，要發展三摩地的力量、加強專注力。（晚近，禪學受到西方心理學的影響，對情緒議題較為敏銳。）印度的不二論吠檀多傳統要追尋者看見自己本然不具實體的虛幻本質，了解他們似乎明顯歸屬的獨立自我根本不存在，以此放下緊緊握住的負面情緒。

這些策略似乎可以在具有挑戰性的環境中，使人有效地保持清醒，但往往無法轉化更困難、持久的情緒模式，反而只會使它們藏得更深，讓自己看不見，直到它們再度發揮強烈的影響。例如，一位知名的美國禪學老師因為與許多學生發生私情而惡名遠播，但他最終受到質疑時，不但拒絕道歉，也不承認自己的行為不當。另一位老師的三摩地可以照亮房間，卻持槍沿街追逐一位陌生人，在鄰里間引起很大的騷動。在傳統文化中，老師若有這類行為，可能會被原諒或忽略，但在重視誠實和負責的當代西方社會，情緒的體現是必要的，以免在社群和人際關係造成巨大的傷害，也避免在自己身上累積痛苦。

這些處理情緒的策略，其根本問題也許就在於它們是「策略」，是設計來逃避或消除情緒的費力手段，並沒有欣然接納情緒是人類處境的自然表現，是你根本性質的另一種完美表現。這種策略取向反映出對情緒嫌惡、對抗的態度，不只瀰漫於東方宗教，也見於世界各地的傳統宗教。如果你渴望成為屬靈的人，這些傳統會教導你必須培養所謂正向的品質和心態，並消除負向的部分。這種取向的本質是二元對立的，會助長無法平復的內在分裂或衝突。只要你認為某些經驗是可取的，其他是不可取的，就注定與自己交戰，而戰爭正是「自我」最喜歡的活動。只要你還嘗試逃避某部分的你自己，即使是以最隱微的方式，也只是在為「自我」提供更多力量罷了。

從不二的觀點來看，處理混亂情緒和核心反應模式的關鍵在於，以真誠的愛與接納面對它們（這是尼撒哥達塔所說的「深情溫柔的覺察」），如此既不會陷入它們傳達的劇情，也不會或明或暗地推開它們。意識或覺察是你的根本性質，會與生起的每一件事喜悅地自然相遇，沒有偏好或抗拒。在你原貌的浩瀚與完整之中，沒有任何事是不能接納或被遺漏的。

在此如果有任何技巧的話，就是持續留在覺察裡，歡迎你的情緒，有如對待最親密的朋友。給它們大量空間來表達自己，但不要抗拒它們或認為它們代表假我的一部分，如此反而會強化它們，或使之更為堅固。不是「我的」哀傷，而是「這」哀傷；不是我的「生氣」，而是「這」生氣。最後，即使是這些最微小的標籤也會脫落，留下的是此刻未經加工的感覺經驗，沒有添加任何故事。情緒可能消散或釋放（通常都是如此），或是纏黏不去，你不要執著於結果。當你安住有如你根本性質靜默、空無的奧祕（這是不受干擾，但歡迎每一個經驗的背景），這種親密就會非常自然地出現，不需要任何指示或努力，就像愛與慈悲的自然流動。

波斯神祕主義詩人魯米在他的詩作〈旅店〉中，準確地把這種親密比喻成慷慨親切的主人，歡迎所有人類經驗。「歡迎並款待所有客人」，對於不受歡迎的客人，比如沮喪或卑劣，他說：「陰暗的想法、羞恥、惡意，在門口開懷迎接它們，邀請它們進來。」不要認為它們是不受歡迎的侵入者，他鼓勵我們感謝這些難以相處的情緒，因為它們會提供更徹底開放的機會。我們越試著排斥這些客人，想強化我們的體悟，好像它是某種不可侵犯的堡壘（就如某些傳承的教導），我們就會變得更僵化、狹窄，真誠的體悟也更會從我們的指間流失。相較之下，我們越全心接納、擁抱生起的一切，就越留在意識本身的寬廣和遼闊之中，這是我們的根本性質，容納一切，毫無例外。

以下的例子顯示情緒的體現過程可以如何展現。比方你失去某個重要的關係，數週來為此覺得悲哀傷痛，情緒沒有自然釋放，反而變得固著不變、反覆出現。談論或書寫這些情緒似乎沒有助益，即使允許它們存在，沒有意識上的耽溺或逃避，也仍無法改變你的痛苦。你顯然已陷入認同與執著。

如果你能真誠地認識（不是理智上的概念，而是整個人的體悟），這些感受所適用的獨立小小的我其實並不存在，你的人生其實是以某種完美、非關個人、奧祕的方式展現，那麼，這些感受就會逐漸（或突然）消散、釋放。就如拜倫．凱蒂喜歡說的：「它們來了又去，不會逗留。」

如果這些情緒持續困擾你，你可以深入詢問使它們一直存在的信念，例如「我再也不會遇見像他這樣的人」、「都是我的錯」、「我在世上全然孤獨」。你可以對每一個故事問道：「真的是這樣嗎？」「我相信這個故事時，做何反應？」以及「沒有它，我會成為什麼人？」這種一致地詢問引發的效應，通常會鬆開原本持續不斷的信念與其引發的感受。再一次強調，你不需要嘗試擺脫它們，只要釋放自己，脫離你執著於它們時導致的痛苦。

照亮黑暗覆蓋之處

有些情緒模式和一再重現的身分與故事，似乎比其他身分與故事更為根深柢固，無法在深情溫柔的覺察或自我詢問的探索中，轉變或鬆開它們的掌控。你可以說它們是隱藏在深處的根部，一時的情緒如生氣和害怕會從根部一直滋生出來，就像新發的幼芽和枝葉。

在印度教和佛教中，這種持久的根部模式被稱為「習性」（samskaras，梵文的意思是「印記」），包括此生和過去世的經驗在心靈留下的銘印，會影響未來的經驗、行為和心態。從特別注意發展的西方心理學觀點來看，這些根部模式（客體關係或情結）是重複發生的經驗強化同一扭曲觀點的結果，會在一生中發展。從長期深度心理治療的角度來考量，它們如此頑強正是因為持續不斷的生命經驗為它們的正確性提供令人信服的證據。這些模式的範圍從固著和沉迷於某些生命議題的傾向（特別是那些顯然和生存有關的議題），延伸至整個次人格結構和心靈的各個分裂部分（它們好像許多獨立自我一樣擁有自己的自主權）。

著名的西藏瑜伽大師密勒日巴移居到喜瑪拉雅高山的洞穴，安放好自己的禪墊後，發現山洞住有許多吵嘈、惡意的魔鬼。一開始，他嘗試鎮壓它們，但它們只是變得更加喧鬧（顯然他不像道元可以選擇在它們頭上跳舞）。他了解自己的方法既粗暴又無效之後，決定向魔鬼送出愛與慈悲，這時，半數魔鬼離開了。他更進一步地鬆開自己的掌控，以無盡的臣服款待剩下的魔鬼，他沒有嘗試擺脫它們，而是邀請它們想留多久就留多久。所有魔鬼都離開了，只剩下一位特別卑劣殘忍的魔鬼。最後，密勒日巴放棄每一種控制處境的嘗試，以極度的愛與慈悲把頭放入魔鬼口中，任憑宰割。魔鬼消失了，再也沒有回來。

我們就像密勒日巴一樣，一開始都想與難纏的情緒模式對抗，嘗試透過各種自助的技巧改變、改善或消除它們，接下來我們可能轉向禪修，致力於產生足夠平靜的心、洞識和慈悲，透過靈修的力量驅趕這些模式。一旦覺醒之後，我們可能一直把根本性質寬廣、開放、無條件的覺察，應用到這些模式，希望它們在覺醒的光中消散。許多模式確實在這些手段中鬆脫，但最頑強凶狠的模式需要我們以全然的臣服和接納，才會放下它們對我們的控制。

壓抑與解離

在覺醒之後的歲月，許多人經驗到困難或苦惱的情緒如洪水湧現，包括自己從來也不知道的情緒。他們可能以未曾有過的強度感覺到暴怒、驚恐或其他感受，或是發現自己淹沒在很久以前、自己以為已經遺忘的失落的悲痛或哀傷裡。失去獨立自我感和堅實的自我形像，好像會掀開蓋子，顯示出以前看不到的所有被視為令人不安或無法接納的特質與感受。在西方心理學中，這層蓋子被稱為「壓抑的屏障」，體現的初期階段常常需要面對這個原本被壓抑的素材，最終加以接納。這個階段可能令人既怯步又氣餒，學生常常抱怨覺醒使他們覺得比以前更糟，而不是更好。

最終，經過本章第一部分談到的體現過程，大部分情緒都受到歡迎和接納，並有一種持續不斷的自在，以面對生起的一切，容許其存在，沒有抗拒或掙扎。但核心的模式、更深的根部會持續存在，往往是因為它們並不像壓抑的情緒存在意識覺察層面之下，而是在獨立分離的部位，就像許多小小的自我，尚未展現其空無的性質。我有一位特別清明覺醒的朋友，她體驗到自己是存有的無限浩瀚，看起來一直活在喜悅中，直到她突然受到舊日恐懼的襲擊。後來，她開始恢復記憶，想起自己曾被父親猥褻，她內在有個分離獨立的部分仍覺得害怕、孤單。

從西方心理學的觀點來看，這些分離獨立的部分往往是解離的結果，自我分裂成許多部分，而不是把自我的某些面向壓抑到潛意識中。人在一生中某個壓力特別大的時期，會把自己的一部分築牆隔開來，以保護自己不要感知到威脅生命的處境，這種手法可能有助於自己度過受虐或創傷的童年，但這種分裂在日後會很難加以承認和療癒。

由於自我形像粉碎時，這些部分不會輕易進入覺察，仍隱而不見，可能需要積極的邀請和接近，否則它們會持續投入情緒勒索，發出強烈的情緒（看似無中生有），導致突如其來爆發的緊縮和反應。這些部分有時是透過奧妙的身體問題來發揮影響力，比如慢性疼痛、消化問題或免疫疾病。需要處理這些未被承認的部分的人，可能在大部分時間都覺得自己相當覺醒、寬廣、自由，卻有許多不曾見到光的解離和固著部分，仍然激動地帶著未表達的情緒。佛教心理學家愛德華．普德渥（Edward Podvoll）把這種解離的部分稱為「瘋狂島嶼」，我們在本體我大海航行時，可能不時在此擱淺。

從大腦學術研究的觀點來看，這些深植的模式或解離的部分連結到「舊大腦」，特別是杏仁核，這是處理和儲存情緒事件相關記憶的大腦。舊大腦產生的本能或情緒反應往往避開「新大腦」（或稱為新大腦皮質）用一生經驗與思想累積的資訊和智慧。結果，你可以活在新大腦皮質（這裡是「高等意識」的位置）超越時間的靈性層面，卻仍擔心未來的生存，或是因為舊大腦情緒中心未被解決的過去創傷而大發脾氣。

不論你選擇心理學或神經學的隱喻，傳遞的訊息是一樣的：儘管你有強烈的覺醒經驗，仍可能有很深的內在分裂，使心理層面的撕裂與衝突一直存在，導致你的行為與你覺醒的不二實相不和諧或無法整合。直到每一塊分裂都得到充分的療癒，體驗到外在與內在、自我和他人（以及你自己的這一部分與另一部分）之間沒有分裂，你的體悟才得到全然的體現。

療癒分裂

我的吠檀多老師金恩．克蘭曾受過醫學訓練，他常說療癒的關鍵就是「以健康的部分侵入不健康的部分」。換句話說，就是以意識或真實本性的愛與寬廣，注入存有尚未覺醒、未得療癒的部分。隱修聚會時，他會要我們把注意力集中到身體覺得健康、輕鬆的部位，想像它們穿透身體覺得緊縮、沉重的部位。想要深化體現的過程，以進入存有分裂的部分時，往往需要這種細膩的技巧。以阿迪亞向堤的話來說，就是我們需要「關閉裂縫」。

關閉裂縫的方式之一就是邀請一個部分充分表達自己，讓它說出自身的感受與擔心，你不但要同理地傾聽，也要讓自己體驗這個部分必然有的

呼吸與體會

花一點時間想一想你生活中發生情緒勒索的情形。你的行為是怎麼達不到你靈性認識的程度？什麼樣的環境特別困擾你？你如何處理你的魔鬼，那些突然、出乎預期爆發的緊縮與疼痛？

內在經驗。（運用這種方式的心理學技巧包括聲音對話、內在兒童工作法，以及溝通分析的自我狀態心理學）在此，慈悲的覺察和真誠的意願，想進入解離的部分（也就是願意把你的頭放入魔鬼口中），是療癒分裂的關鍵。另一種方式是留在你真實本質的廣闊覺醒，想像自己吸入緊縮而未得療癒部分的痛苦，呼出存有的平靜、愛與自在。（這是經過修改的西藏「施受法」〔tonglen〕的修行，本章末有更詳細的描述。）還有一種方式是稱為身體經驗（somatic experiencing）的治療技巧，引導參加者取用「療癒渦流」正向、滋養的內在來源，逐漸療癒「創傷渦流」（分裂的部分或固著能量的核心），在二者間溫和地「擺盪」。最後，還有一種方式稱為「眼球運動去敏感化與重新處理」（eye movement desensitization and reprocessing，簡稱EMDR），運用左右兩側的刺激，以徹底處理和消化未解決的創傷，以及創傷造成的分裂。

結果顯示，這些療癒技巧大多需要助人專業工作者的積極參與，因為痛苦的內在分裂通常是創傷關係或不健康關係的產物，在另一種關係的脈絡中（對方提供的是關愛而不是虐待，修復而不是損害），較容易得到最成功的療癒。不二靈性傳承幾乎都只強調個人的修行和體悟，不認識療癒關係的重要。但這些傳承現在越來越重視西方心理學強調的關係模式。

不管你用什麼方法療癒分裂，一定要記得，難纏的反應模式和核心故事與真正的你毫無關係。真正的你是純淨、不受制約的意識或覺醒，你的真正本質是不受干擾、無法毀壞的，沒有任何經驗可以玷污或損害它。不論你承受多少痛苦，它都不曾不是真正的你。

你無論如何都要面對和接納令人苦惱的習氣，為它們對你生活的影響負起責任，但不要誤以為它們就是真正的你，也不要因為你已覺醒卻仍擁有它們就責備或批判自己。批判自己只是「自我」重建其力量的另一種小計謀。誰知道習氣來自何處？遺傳？過去世？星體的影響？家族排列？不論你覺醒多少次，或是多麼真誠地渴望體現，有誰知道它們是否會徹底放鬆其掌控呢？不論它們來自何處，不管它們如何發展，請記得它們都是非關個人的（好像有什麼東西可以屬乎個人似的），它們只是大量的業，在此生以最非關個人的方式交給你，要求你帶著它們，最終加以解開。

最後，體現一直都是既無止盡，又轉瞬即逝的。從絕對的觀點來看，每一片刻和處境都是神性完美的體現或表現。沒有任何事物是曾出過差錯的，每一事物都必然如其所是，因為這個超越時間的片刻就是如此。同時，除非你真正經驗到每一件事和每一處境都是你自己，並據此行事為人，否則你就仍在不斷進行的體現過程之中。在此，你再次面對無門之門的矛盾，但在更深的層面：你本來就已經體現，只是在你的每一個行動都反映出神性完美的體悟之前，你還沒有徹底實現這個體現。就如十字架的神聖象徵暗示著超越時間的垂直層面（純淨的存有、本然的完美），與水平層面（無盡的發展與形成）交會於永恆的當下。

※你談到誤入歧途的禪師曾接受如此多佛法的傳送，令我懷疑世系傳承體制的合理性。是否有任何理由支持上師和禪師的制度，以及靈性的階級制度？

我比較喜歡「靈性朋友」的觀念（譯自佛教用語「善知識」〔kalyana mitra〕），意指在你的旅程指導你的人，但沒有加入靈性階級制度，也不會假裝成自己是某個人物。我個人對曾經教導我的老師深懷感激之情，特別是那些在傳統架構之外覺醒的人，他們以原創、不合常規的方式教導。我自身的體悟不只得力於他們的不受限制，也來自他們是如此容易親近、如此沒有防衛，這是真正覺醒之人的關鍵特徵。

※你似乎暗示心理治療可以幫助某些人深入體現的過程。我應該找怎麼樣的治療師？

一旦你已覺醒，知道自己到底是誰，可能會懷疑一般的心理治療，這是可以理解的，因為心理治療容易強化虛幻獨立自我的劇碼。但只要你繼續被舊有的反應模式「綁架」，某些形式的治療可能有助於分裂的療癒。就短期的創傷工作而言，你可以在當地找一位有經驗、具同理心、熟悉身體經驗或EMDR實務的治療師。如果需要持續不斷的支持，以探索覺醒之後變得特別明顯的核心故事和內在卡住的地方，我會推薦新興的不二論心理治療領域的治療師，他們曾研習不二論教導，本身經驗過某種層次的覺醒，並把他們的體悟整合到治療他人的工作之中。不二觀點的治療師不會把你看成受損需要修補的人，他們會看見你人格背後本然的完美，支持你活出你所是的真理，同時幫助你認識和探索使你痛苦的故事、信念、情緒模式。不二智慧對心理治療的影響方興未艾，如果需要更多資訊，請參考《聖鏡》（*The Sacred Mirror*，請見本書最末的參考書目）。

擁抱你的魔鬼

撥出十五到二十分鐘做這個探索，一開始先閉眼靜坐幾分鐘。把你的覺察安放在坐的經驗，讓你的身體放鬆。

現在連結到你根本性質的平靜、寬廣、愛，這是你的真我。如果你覺得很難做到，就連結到心的位置，你在此感受到無條件的愛。讓這種平靜、寬廣與愛的感受，向每一個方向無限擴展。

接下來想像你小小的自己，掙扎痛苦的小小的我，就在你面前。把焦點集中在你自己一個特別有困擾或衝突的部分，這個部分一直要求你的注意，不斷產生恐懼、憤怒、哀傷或其他緊縮的情緒。讓自己觀看並同理這個小小的我。

想像你吸入小小自我的痛苦，呼出平靜、愛、喜悅和寬恕。讓這種愛和喜悅充滿小小的自我，療癒它的痛苦。持續吸入痛苦，呼出愛和喜悅，直到你把小小自我的痛苦都吸入真我的浩瀚之中，顯而易見的裂縫得以消融，平靜、愛與喜悅滲透一切。

雖然這個練習可能看似二元對立或人為做作，但對你覺得還不夠靈性覺醒或和諧的部分，具有強大的療癒作用。你正體現你知道自己是誰的真理，並療癒意識和潛意識之間、清醒與睡夢之間的內在分裂。除非每一個部分都得到擁抱和吸納，否則體現就還不完整。

第十章

覺醒的生活

你需要做的就只是找出你的本源，把你的司令部設在那裡。

——尼撒哥達塔

當你的行為是出於認識每一個人和每一件事毫無例外都是神性的展示、意識的表現、靈的化身，你就正在活出覺醒的生活。不論你看向何處，都只看到自身的本體我。你既是無限的開闊，萬事從中生起，同時又是其中的每一部分和粒子。所有分裂感都已消融，只有這個唯一、活生生、正在呼吸的實相。

沒有分裂的經驗雖然常常被稱為「一體」，但不表示你失去日常生活身為個體的感覺，也不是被併入某個沒有分別的團塊，所有差異都在其中消失，這是許多人誤信的情形。剛好相反，每個人和每件事綻放的獨特性都顯而易見，但你同時認識這個獨特性和多樣性只是本體我充滿創造力的劇碼和展示，本體我是萬有獨一的源頭與本質。

當你看見萬事萬物都是神性的展示，包括你曾經認為屬於你的部分（你的身體、思想、感受），你就隨著生命之流移動，而不是與之掙扎對抗。即使說「你移動」也是多餘的，因為沒有獨立的你在移動或決定，只是生命之流本身經過你，有如它經過岩石、飛鳥、河水、樹木。

以實際的話來說，就是你不再與生命爭辯或討價還價，不再嘗試讓它與原貌有所不同，因為你知道它不可能有其他樣貌。「不是我的意志，而是汝的意志被完成」，這是覺醒生活的真言。其實你的意志不再不同於神的意志，因為你已全然臣服於就是如此的它。即使像臣服這樣的話也沒有意義，就只是不二無分。

不用說，覺醒生活的標誌就是自在、平靜、喜悅、平等心，以及最重要的愛。由於萬事萬物就是你自己的本體我、你的光輝意識、你的內在佛性，所以你和相會的每一個人、每一件事全然親密相愛。曾經住著一種自我形像的無限空無中，綻放出實相的豐富與難以形容的美，而你以無盡的開放、著迷、感動、高興，伴隨此刻正表現自身的這個實相。以另一種方式來說，意識喜歡自己透過這副特殊身心而有的所有形式。當你知道你遇見的每一個人都只是經過不同偽裝的你，關係就會呈現一種特別的直接性。當你知道虛幻的獨立自我完全沒有控制力，一切都被神溫柔的擁抱托住，期望和恐懼就會脫落。

既然你知道自己是誰，就知道生命並非總是按照頭腦想要的方式進行。這不是「新時代」或伏爾泰在《憨第德》（*Candide*）中說的「所有可能世界中最好的一個」，生命完全按照它的方式展開，以它自己奧祕的方式，這個方式有時強烈而令人難以理解，卻又奇妙地保持平衡與意義。你會發現自己想要它完全以它的原貌呈現。盛衰浮沉、成功失敗、健康疾病，生命之河無盡地流動，不斷變化，持續運行；而不動的行動者、一切的源頭，永遠不受所發生的事干擾和動搖。

同時，你可能持續活出非常普通的生活，和以前一樣有著相同的品味、偏好和人格怪癖。差別在於你不再錯誤地認同人格，而是認識它只是方便的工具或角色，本體我透過它在形式世界顯現自身。（人格的字根原義是「代為發聲」，意指希臘悲劇的合唱團員所戴的面具。）既然你認識了實相本然的空無本質，就不再如此嚴肅看待你的「個人」生活。你既在乎又不在乎，你在世界之中卻不屬於世界，你以某種輕鬆和沉思迎接每一個處境，因為你知道它只是神性的奧祕劇碼。

你越充分、深入體現你是誰的真理，就越一致地在每一刻活出覺醒的生活。就這種意義來說，徹底的體現就等於穩定的覺醒經驗。你在每一個地方看到的都只有神或佛，一天二十四小時、每週七天，你的行動都反映出這種不二的眼光。有些聖人稱這種完全穩定不間斷的無我／無他經驗為「解脫」，與只有「覺醒」的情形有所區別。一旦你解脫了，就不可能以遲鈍、虐待或自私的方式對待別人，像某些據稱已開悟的老師所做的，因為你不可能不把他們看成你自己的本體我。

可是，你已經覺醒的事實並不代表你會一直活出覺醒的生活。大部分人只是偶而活出覺醒的生活，一次幾個小時、幾天或幾週，直到再度被獨立自我的幻相迷住。如果沒有對真理的轉化之火做出深刻的承諾，這種重新認同的情形可能非常隱微而未被發現，但它會衍生巨大的影響。尤其是你一旦再度認為自己是獨立的某人，就開始從自我中心的觀點看世界，落入舊有反應模式和核心故事的昏睡狀態，這是你過去習慣的生活。要讓覺醒的生活透過你活出自身，就需要獻出自己，在每一個處境中，讓體現的過程（詳見前兩章）出現，實現你知道自己是誰的真理。

從外在看覺醒的生活是什麼樣子

「覺醒的生活」這種用語容易引人想到一

呼吸與體會

閉上眼睛，想像自己活出覺醒的生活。在生活中看見你遇見的每一個人、每一件事都是你自己的本體我，會有什麼感受？當你與生命之流融合，而不是抗拒它時，你有什麼行動？花幾分鐘讓這種景象展開。當你再次張開眼睛，它如何影響你的生活經驗？

些形像，如修道的僧侶、流浪的瑜伽士、向虔誠弟子傳授真理的靈性老師。但體現覺醒之心的平靜與喜悅的人，可能就像你在路上看到的普通人一樣平凡，清潔隊員、打掃房屋的人、銀行出納員、療癒者，也就是像你我一樣的人。發現並活出真我之光的人不見得都想教導人或隱居起來，有些人只是自發地覺醒，然後繼續原有的生活，工作、照顧家人、看電視、看電影，差別在於他們不再痛苦或與生活掙扎，也不再經驗到自己與他人的分隔。

活出覺醒生活的人並不是一律都會用過度的慈悲行為或充滿自覺的智慧言語吸引別人的注意，反之，他們傾向於退入背景，因為他們是如此普通，如此樸實，如此不引人注目，如此倒空自己。如果他們真的教導別人，也不會執著於老師的角色與地位。當我還是年輕的禪宗僧侶時，曾經拜訪附近的佛教中心，想要見一下偉大的西藏瑜伽大師卡魯仁波切。我看到六位僧侶圍著桌子吃午餐，從他們的行為、吃飯、談話互動的方式，我看不出哪一位是仁波切，直到有人指出他來。這位傑出的大師沒有表現出一丁點兒驕傲或做作，實在令我深深感動。我領悟到這種平凡性是覺醒生活的真正標誌。

可是，如果你注視表面的平凡的背後，就會發現不論是什麼人格或生活處境，體現覺醒生活的人都具有某些共同的特質。例如，他們容易流露出平靜、沉著的當下，他們的眼睛會綻放一種無限寬廣與慈悲的感覺，顯示並沒有一個正在觀看的人，只是意識或靈性在注視自己。在行動上，他們生活中的動作流暢和諧，沒有內在的衝突或分裂，安靜而喜悅，自然展現出親切與同理，但又隱隱透出超然沒有掛慮的味道。當然了，這些特質會透過無限種類的身體、聲音和人格表現自己，有些可能生動有力，有些則比較安靜內省。

即使是開悟的老師和聖人，也有形形色色的外形與性情。偉大的印度聖人拉瑪納．馬哈希不論日夜大多都只纏著一條腰布，寧靜安詳地坐著或躺著。他的教導大多透過靜默的注視或簡短回答信徒的問題，他每天都走上道場所在的聖山。他的眼睛是本體我的平靜與愛的具體化身。相較之下，吠檀多老師尼撒哥達塔則經營一間賣香煙的店鋪，晚上在他位於孟買的小公寓，對聚集的求道者講道和回答問題。他說話時，出於對真理的熱情，眼睛會閃現強烈的光芒，雙手激烈地揮動，聲音有時會很響亮。

我的吠檀多老師金恩．克蘭是文雅的歐洲紳士，穿著絲質襯衫和領帶，享受美食、藝術和古典音樂。他的公開談話常常出現長時間的靜默，以輕柔而深深令人共鳴的聲音說話，吐字清晰、有力、扼要。相較之下，與我亦師亦友的阿迪亞向堤是加州原住民，過去常常騎腳踏車競速、攀岩，現在喜歡一種有趣的撲克牌遊戲和在鄉間騎摩托車。他的講道有一種比較不拘禮節的現代感，常常夾雜著笑聲和靜默。但他們傳遞的真理與古聖先賢是完全相同的。

最後，關於覺醒的生活，我們能做出的唯一結論就是它會採用當事者的形貌和人格，你無法模仿或促成它的發生，你只能覺醒，活出你覺醒的真理，並注意生命如何透過你活出來。你初次覺醒所開始的過程，其終極的果實與表現就是覺醒的生活。就如我在本章一開始所說的，當你的行為出自體認每一件事都是神性的展現、意識的表現形式、靈的化身，沒有例外，你就正在活出覺醒的生活。

全部放下

撥出十分鐘做這個探索。先用幾分鐘靜靜坐著，享受你的呼吸。現在回想你讀本書的經驗，想想一路走來你可能已對靈性覺醒累積出許多的信念和概念。你對覺醒的過程如何展開，也許已具有更清楚而成熟、連貫的圖像。或是你也許只收集了一些形形色色的洞識和想法。

接下來，鬆弛大腦裡固著的能量，想像所有想法和概念都在空無中消融，就像冰融化為水。不要緊抓任何東西不放，全部放下。不論你需要什麼，你都已經具備，所以請你放下包袱，讓生命之河帶領你。

安住在純真觀看、不知之心的無限寬廣與空無之中。請記得實相的起點與終點都在這裡，在這個超越時間的片刻之中。沒有任何其他什麼是必須的，也沒有任何什麼是被遺漏的。你已經是你所尋求的。如此就好！

【附錄二】延伸閱讀：中文書目

* 《覺醒風：東方與西方的心靈交會》（2009），約翰．威爾伍德（John Welwood），心靈工坊。
* 《鑽石途徑IV：無可摧毀的純真》（2009），阿瑪斯（A. H. Almaas），心靈工坊。
* 《當下的覺醒》（2009），艾克哈特．托勒（Eckhart Tolle），橡實文化。
* 《修練當下的力量》（2009），艾克哈特．托勒（Eckhart Tolle），方智。
* 《當下，繁花盛開》（2008），喬．卡巴金（Jon Kabat-Zinn），心靈工坊。
* 《踏上心靈幽徑：穿越困境的靈性生活指引》（2008），傑克．康菲爾德（Jack Kornfield），張老師文化。
* 《一個新世界：喚醒內在的力量》（2008），艾克哈特．托勒（Eckhart Tolle），方智。
* 《當下的力量：找回每時每刻的自己》（2008），艾克哈特．托勒（Eckhart

Tolle），橡實文化。
*《事情並非總是如此：禪的真義》（2007），鈴木俊隆，橡樹林。
*《鑽石途徑III：探索真相的火焰》（2005），阿瑪斯（A. H. Almaas），心靈工坊。
*《鑽石途徑II：存在與自由》（2004），阿瑪斯（A. H. Almaas），心靈工坊。
*《鑽石途徑I：現代心理學與靈修的整合》（2004），阿瑪斯（A. H. Almaas），心靈工坊。
*《禪者的初心》（2004），鈴木俊隆，橡樹林。
*《大圓滿》（2003），達賴喇嘛，心靈工坊。
*《存在禪：活出禪的身心體悟》（2002），艾茲拉·貝達（Ezra Bayda），心靈工坊。
*《狂喜之後》（2001），傑克·康菲爾德（Jack Kornfield），橡樹林。
*《意識革命》（1997），葛羅夫（Stanislav Grof），生命潛能。

【附錄二】延伸閱讀：英文書目

Adams, Robert. *Silence of the Heart*. Atlanta, Ga.: Acropolis Books, 1999.

Adyashanti. *Emptiness Dancing*. Boulder, Colo.: Sounds True, 2005.

Carse, David. *Perfect Brilliant Stillness: Beyond the Individual Self*. Shelburne, Vt.: Paragate Publishing, 2006.

Harding, Douglas. *On Having No Head: Zen and the Rediscovery of the Obvious*. Carlsbad, Calif.: Inner Directions, 2002.

Katie, Byron. *A Thousand Names for Joy: Living in Harmony with the Way Things Are*. New York City: Harmony Books, 2007.

Khenpo, Nyoshul. *Natural Great Perfection*. Ithaca, N.Y.: Snow Lion, 1995.

Klein, Jean. *Who Am I?* Salisbury, UK: Non-Duality Press, 2006.

Maharaj, Nisargadatta. *Ultimate Medicine: Dialogues with a Realized Master*. Berkeley, Calif.: North Atlantic Books, 2006.

Maharshi, Ramana. *Be As You Are: The Teachings of Sri Ramana Maharshi*. New York City: Penguin, 1989.

Parsons, Tony. *As It Is: The Open Secret to Living an Awakened Life*. Carlsbad, Calif.: Inner Directions, 2000.

Prendergast, John, Peter Fenner, and Sheila Krystal, eds. *The Sacred Mirror: Nondual Wisdom and Psychotherapy*. St. Paul, Minn.: Paragon House, 2003.

Segal, Suzanne. *Collision with the Infinite*. Delhi, India: Motilal Banarsidass, 2002.

大圓滿

作者—達賴喇嘛
譯者—丁乃竺　定價—320元

「大圓滿」是藏傳佛教中最高及最核心的究竟眞理。而達賴喇嘛則是藏傳佛教的最高領導，一位無與倫比的佛教上師。請看達賴喇嘛如何來詮釋和開示「大圓滿」的精義。

108問，與達賴喇嘛對話

作者—達賴喇嘛
對談人—費莉絲塔・蕭恩邦　定價—240元

作者以深厚的見解，介紹佛教哲理、藏傳佛教的傳承，及其對西方現代世界的重要性，對於關心性靈成長，以及想了解佛教和達賴喇嘛思想精華的讀者，這是一本絕佳的入門好書！

無盡的療癒

【身心覺察的禪定練習】

作者—東杜仁波切
譯者—丁乃竺　定價—300元

繼《心靈神醫》後，作者在此書中再次以身心靈治療爲主、教授藏傳佛教中的禪定及觀想原則；任何人都可藉由此書習得用祥和心修身養性、增進身心健康的方法。

十七世大寶法王

作者—讓保羅・希柏　審閱—鄭振煌、劉俐
譯者—徐筱玥　定價—300元

在達賴喇嘛出走西藏四十年後，年輕的十七世大寶法王到達蘭薩拉去找他，準備要追隨他走上同一條精神大道，以智慧及慈悲來造福所有生靈。

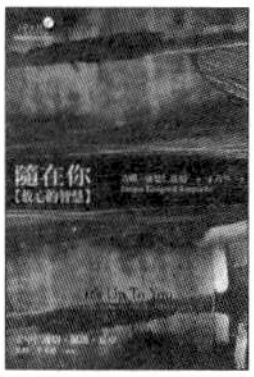

隨在你

作者—吉噶・康楚仁波切
譯者—丁乃竺　定價—240元

心就像一部電影，外在世界的林林總總和紛飛的念頭情緒，都是投射於其上的幻影。如果我們可以像看電影般地看待自己的生命，就可以放鬆心情，欣賞演出，看穿現象的流動本質，讓妄念自然來去。

當囚徒遇見佛陀

作者—圖丹・卻准
譯者—雷叔雲　定價—250元

多年來，卻准法師將佛法帶進美國各地重刑監獄。她認爲，佛陀是一流的情緒管理大師，可以幫助我們走出情緒的牢籠。

心靈寫作

【創造你的異想世界】

作者—娜妲莉・高柏
譯者—韓良憶　定價—300元

在紙與筆之間，寫作猶如修行坐禪
讓心中的迴旋之歌自然流唱
尋獲馴服自己與釋放心靈的方法

狂野寫作

【進入書寫的心靈荒原】

作者—娜妲莉・高柏
譯者—詹美涓　定價—300元

寫作練習可以帶你回到心靈的荒野，看見內在廣闊的蒼穹。撞見荒野心靈、與自己相遇，會讓我們看到眞正的自己，意識與心靈不再各行其是，將要成爲完整的個體。

傾聽身體之歌

【舞蹈治療的發展與內涵】

作者—李宗芹　定價—280元

全書從舞蹈治療的發展緣起開始，進而介紹各種不同的治療取向，再到臨床治療實務運作方法，是國內第一本最完整的舞蹈治療權威書籍。

非常愛跳舞

【創造性舞蹈的新體驗】

作者—李宗芹　定價—220元

讓身體從累贅的衣服中解脫，用舞蹈表達自己內在的生命，身體動作的力量遠勝於人的意念，創造性舞蹈的精神即是如此。

身體的情緒地圖

作者—克莉絲汀・寇威爾
譯者—廖和敏　定價—240元

身體是心靈的鑰匙，找回身體的感覺，就能解開情緒的枷鎖，釋放情感，重新尋回健康自在。作者是資深舞蹈治療師，自1976年來，運用獨創的「動態之輪」，治癒了無數身陷情緒泥淖的人。

超越身體的療癒

作者—勞瑞・杜西
譯者—吳佳綺　定價—380元

意義如何影響心靈與健康？心識是否能超越大腦、時間與空間的限制，獨立運作？勞瑞・杜西醫師以實例與研究報告，爲科學與靈性的對話打開一扇窗。

心靈工坊 PsyGarden

探索身體，追求智性，呼喊靈性，
攀向更高遠的意義與價值
是幸福，是恩典，更是內在心靈的基本需求，
企求穿越回歸眞我的旅程

Holistic

生命不再等待

作者—佩瑪．丘卓
譯者—雷叔雲　審閱—鄭振煌　定價—450元

本書以寂天菩薩所著的《入菩薩行》爲本，配以佩瑪．丘卓既現代又平易近人的文字風格；她引用經典、事例，沖刷掉現代生活的無明與不安；她也另外調製清新的配方，撫平現代人的各種困惑與需求。全書有著原典的精煉智慧，也有著因應世局人心的嶄新詮釋，是一本現代人的智慧生活行動指南。

當生命陷落時

【與逆境共處的智慧】

作者—佩瑪．丘卓
譯者—胡因夢、廖世德　定價—200元

生命陷落谷底，如何安頓身心、在逆境中尋得澄淨的智慧？本書是反思生命、當下立斷煩惱的經典作。

轉逆境爲喜悅

【與恐懼共處的智慧】

作者—佩瑪．丘卓
譯者—胡因夢　定價—230元

以女性特有的敏感度，將易流於籠統生硬的法教，化成了順手拈來的幽默譬喻，及心理動力過程的細膩剖析。她爲人們指出了當下立斷煩惱的中道實相觀，一條不找尋出口的解脫道。

不逃避的智慧

作者—佩瑪．丘卓
譯者—胡因夢　定價—250元

繼《當生命陷落時》、《轉逆境爲喜悅》、《與無常共處》之後，佩瑪再度以珍珠般的晶瑩語句，帶給你清新的勇氣，及超越一切困境的智慧。

當下，繁花盛開

作者—喬．卡巴金
譯者—雷叔雲　定價—300元

心性習於自動運作，常忽略要眞切地去生活、成長、感受、去愛、學習。本書標出每個人生命中培育正念的簡要路徑，對想重拾生命瞬息豐盛的人士，深具參考價值。

有求必應

【22個吸引力法則】

作者—伊絲特與傑瑞．希克斯夫婦
譯者—鄧伯宸　定價—320元

想要如願以償的人生，關鍵就在於專注所願。本書將喚醒你當下所具備的強大能量，並帶領讀者：把自己的頻道調和到一心所求之處；善用吸引力心法，讓你成爲自己人生的創造者。

心態決定幸福

【10個改變人生的承諾】

作者—大衛．賽門
譯者—譚家瑜　定價—250元

「改變」爲何如此艱難？賽門直指核心地闡明人有「選擇」的能力，當你承認你的「現實」是某種選擇性的觀察、解讀、認知行爲製造的產物，便有機會意志清醒地開創自己的人生。

瑜伽之樹

作者—艾揚格
譯者—余麗娜　定價—250元

艾揚格是當代重量級的瑜伽大師，全球弟子無數。本書是他在歐洲各國的演講結集，從瑜伽在日常生活中的實際運用，到對應身心靈的哲理沉思，向世人傳授這門學問的全貌及精華。

占星、心理學與四元素

【占星諮商的能量途徑】

作者—史蒂芬．阿若優
譯者—胡因夢　定價—260元

當代美國心理占星學大師阿若優劃時代的著作！本書第一部分以嶄新形式詮釋占星與心理學。第二部分透過風、火、水、土四元素的能量途徑，來探索本命盤所呈現的素樸秩序。

占星．業力與轉化

【從星盤看你今生的成長功課】

作者—史蒂芬．阿若優
譯者—胡因夢　定價—480元

富有洞見而又深具原創性的本書結合了人本占星學、榮格心理學及東方哲學，能幫助我們運用占星學來達成靈性與心理上的成長。凡是對自我認識與靈性議題有興趣的讀者，一定能從本書中獲得中肯的觀察。

親愛的，怎麼說你才懂

作者—瑪麗安．雷嘉多博士、蘿拉．塔克
譯者—魯宓　定價—260元

為什麼男人老是記不住，女人總是忘不了？為什麼女人一心想要溝通，男人卻只要結論？唯有充分理解男女有別的生理差異，我們才能用彼此的語言，讓親愛的另一半聽進心坎裡。

愛他，也要愛自己

【女人必備的七種愛情智慧】

作者—貝芙莉．英格爾
譯者—楊淑智　定價—320元

本書探討女性與異性交往時，如何犧牲自己的主體性，錯失追求成長的機會。作者累積多年從事女性和家庭諮商的經驗，多角度探討問題的根源。

終於學會愛自己

【一位婚姻專家的離婚手記】

作者—王瑞琪　定價—250元

知名的婚姻諮商專家王瑞琪，藉由忠實記錄自己的失婚經驗，讓有同樣經歷的讀者，能藉由她的故事，得到經驗的分享與共鳴。

漫步在海邊

作者—瓊．安德森　定價—260元

獨居鱈角一年間，作者意外邂逅了一位忘年之交——瓊．艾瑞克森。她不僅為作者困滯的中年生活開啓了重要篇章，更帶領她開拓自我、如實接受生命變化。

與愛對話

作者—伊芙．可索夫斯基．賽菊寇
譯者—陳佳伶　定價—320元

作者以特異的寫作風格——結合對話、詩和治療師的筆記——探索對致命疾病的反應、與男同志友人的親密情誼、性幻想的冒險場域，以及她投入佛教思想的恩典。

太太的歷史

作者—瑪莉蓮．亞隆
譯者—何穎怡　定價—480元

這本西方女性與婚姻的概論史淋漓盡致呈現平凡女性的聲音，作者瑪莉蓮．亞隆博覽古今，記錄婚姻的演化史，讓我們了解其歷經的集體變遷，以及妻子角色的轉變過程，是本旁徵博引但可口易讀的書。

那些動物教我的事

【寵物的療癒力量】

作者—馬提．貝克、德娜麗．摩頓
譯者—廖婉如　定價—380元

美國知名獸醫馬提．貝克醫師以自身患病經驗、周遭的真實故事及大量科學研究，說明寵物與人類間特殊的情感，是人們對抗疾病與憂鬱的強大利器！

動物生死書

作者—杜白　定價—260元

杜白醫師希望藉由本書幫助讀者，藉由同伴動物這些小眾生的助力，讓我們能穿越老病死苦的迷障，開啓智慧，將善緣化為成長的助力，為彼此的生命加分。

陪牠到最後

【動物的臨終關懷】

作者—麗塔．雷諾斯
譯者—廖婉如　定價—260元

愛是永不離棄的許諾。愛我們的動物朋友，就要陪牠到最後！

時間等候區

【醫生與病人的希望之旅】

作者—傑若．古柏曼
譯者—鄧伯宸　定價—320元

當疾病來襲，我們進入異於日常生活的「時間等候區」，這時，活著既是生命的延續，也是死亡的進行。當生命與死亡兩者互為觀照、刺激與啓發時，讓人以更誠實的態度面對生命。

醫院裡的危機時刻

【醫療與倫理的對話】

作者—李察．詹納
譯者—蔡錚雲、龔卓軍　定價—300元

透過真實故事，作者細膩生動地描繪了病患、家屬與醫護人員，在面對疾病考驗及醫療決策的倫理難題，藉由不斷的對談與互動，將問題釐清，找出彼此的價值觀與適當的醫療處置。

醫院裡的哲學家

作者—李察．詹納
譯者—譚家瑜　定價—260元

作者不僅在書中為哲學、倫理學、醫學做了最佳詮釋，還帶領讀者親臨醫療現場，實地目睹多位病患必須痛苦面對的醫療難題。

心靈工坊 PsyGarden

生命長河，如夢如風，
猶如一段逆向的歷程
一個掙扎的故事，一種反差的存在，
留下探索的紀錄與軌跡

Caring

德蘭修女
【來作我的光】
編著—布賴恩．克洛迪舒克神父
譯者—駱香潔　定價—420元

德蘭（德蕾莎）修女畢生爲赤貧之人奉獻，成爲超越宗教的慈悲象徵。然而，她的精神生活與掙扎卻鮮爲人知。本書所收集的文件與信件，幫助我們進入德蘭修女的內在生活，深入了解她的聖德。

美麗人生練習本
【通往成功的100堂課】
作者—恰克．史匹桑諾
譯者—吳品瑜　定價—250元

恰克博士認爲態度造就人生的方向，心靈則是成功的居所，他提供一百則成功心理術，藉由原理、故事與練習幫助讀者向內尋找成功，打造專屬自己的美麗人生。

幸福企業的十五堂課
作者—恰克．史匹桑諾
譯者—王嘉蘭　定價—280元

知見心理學創始人恰克博士，集結三十五年研究成果與豐富企業諮商經驗，以實用法則與案例，搭配知見心理學的成長配方，逐步分析成功歷程的困境與陷阱。

以愛之名，我願意
【開啓親密關係的五把鑰匙】
作者—大衛．里秋
譯者—廖婉如　定價—350元

本書整理出愛最鮮明的五個面向：關注、接納、欣賞、情意、包容，並帶領讀者藉由本書提供的豐富演習機會，一同來體會：生命就是愛的旅程，而且在愛中我們將變得成熟。

活著，爲了什麼？
作者—以馬內利修女
譯者—華宇　定價—220元

法國最受敬重的女性宗教領袖以馬內利修女，以自身將近一世紀的追尋旅程，真誠地告訴我們：幸福的祕密不在物質或精神之中，唯有愛的行動，生命才能完整展現。

遇見100%的愛
作者—約翰．威爾伍德
譯者—雷叔雲　定價—280元

想要遇見100%的愛情，向他人索求只是徒然；完美的愛不在外，而在內。與內在靈性連結，認識到自己值得被愛、生命值得信任，才能真正敞開心，讓愛進來。

貧窮的富裕
作者—以馬內利修女
譯者—華宇　定價—250元

現年95歲的以馬內利修女，是法國最受敬重的女性宗教領袖。她花了一生的時間服務窮人，跟不公義的世界對抗。本書是她從個人親身經驗出發的思考，文字簡單動人卻充滿智慧和力量，澆灌著現代人最深層的心靈。

幸福，從心開始
【活出夢想的十大指南】
作者—栗原英彰、栗原弘美
譯者—詹慕如　定價—250元

每個人內心都有一個指南針，引導我們走向充滿愛、信賴、喜悅及豐足的未來。當我們勇於夢想，有自覺地做出選擇，朝向心中願景前進，幸福的奇蹟就將誕生！

微笑，跟世界說再見
作者—羅倫斯．山姆斯、彼得．巴頓
譯者—詹碧雲　定價—260元

企業家彼得．巴頓，四十五歲退休，預計多陪陪家人、與人分享創業經驗。就在這時，醫生宣佈他罹患癌症。不過他說「幸好我有時間從容準備，好好跟世界道別。」

馴夫講座
【幸福婚姻的七堂課】
作者—栗原弘美
譯者—趙怡、楊奕屏　定價—250元

輔導過上千對夫妻的栗原弘美，結合了知見心理學及親身歷程，爲渴望擁有幸福婚姻的讀者撰寫本書。若你願意踏出改變的第一步，就能讓伴侶關係充滿奇蹟！

心靈工坊 PsyGarden
Holistic 055

當下覺醒

Wake Up Now: A Guide to the Journey of Spiritual Awakening

作者—史蒂芬・鮑地安（Stephan Bodian）
譯者—易之新

出版者—心靈工坊文化事業股份有限公司
發行人—王浩威
總編輯—徐嘉俊　特約編輯—祁雅媚
封面及內文版型設計—黃志勳　內文編排—李宜芝
通訊地址—10684台北市大安區信義路四段53巷8號2樓
郵政劃撥—19546215　戶名—心靈工坊文化事業股份有限公司
電話—02）2702-9186　傳真—02）2702-9286
Email—service@psygarden.com.tw　網址—www.psygarden.com.tw

製版・印刷—彩峰造藝印像股份有限公司
總經銷—大和書報圖書股份有限公司
電話—02）8990-2588　傳真—02）2290-1658
通訊地址—248台北縣五股工業區五工五路二號
初版一刷—2010年9月　初版四刷—2023年4月
ISBN—978-986-6782-89-3　定價—280元

國家圖書館出版品預行編目資料

當下覺醒 / 史蒂芬. 鮑地安(Stephan Bodian)作；易之新譯.
-- 初版. -- 臺北市：心靈工坊文化，2010.09
面；　公分. --（Holistic 55）
譯自：Wake Up Now: A Guide to the Journey of Spiritual Awakening
ISBN（平裝）978-986-6782-89-3
1. 靈修

192.1　　99013932

心靈工坊 PsyGarden **書香家族 讀友卡**

感謝您購買心靈工坊的叢書，爲了加強對您的服務，請您詳塡本卡，
直接投入郵筒（免貼郵票）或傳眞，我們會珍視您的意見，
並提供您最新的活動訊息，共同以書會友，追求身心靈的創意與成長。

書系編號－HO055　　書名－當下覺醒

姓名　　是否已加入書香家族？□是　□現在加入

電話（公司）　　（住家）　　手機

E-mail　　生日　年　月　日

地址 □□□

服務機構／就讀學校　　職稱

您的性別—□1.女　□2.男　□3.其他

婚姻狀況—□1.未婚　□2.已婚　□3.離婚　□4.不婚　□5.同志　□6.喪偶　□7.分居

請問您如何得知這本書？

□1.書店　□2.報章雜誌　□3.廣播電視　□4.親友推介　□5.心靈工坊書訊
□6.廣告DM　□7.心靈工坊網站　□8.其他網路媒體　□9.其他

您購買本書的方式？

□1.書店　□2.劃撥郵購　□3.團體訂購　□4.網路訂購　□5.其他

您對本書的意見？

封面設計	□ 1.須再改進	□ 2.尙可	□ 3.滿意	□ 4.非常滿意
版面編排	□ 1.須再改進	□ 2.尙可	□ 3.滿意	□ 4.非常滿意
內容	□ 1.須再改進	□ 2.尙可	□ 3.滿意	□ 4.非常滿意
文筆／翻譯	□ 1.須再改進	□ 2.尙可	□ 3.滿意	□ 4.非常滿意
價格	□ 1.須再改進	□ 2.尙可	□ 3.滿意	□ 4.非常滿意

您對我們有何建議？

▲您的意見，我們將轉貼在心靈工坊網站上，www.psygarden.com.tw

心靈工坊 PsyGarden

台北市10684信義路四段53巷8號2樓

讀者服務組　收

免　貼　郵　票

（對折線）

加入心靈工坊書香家族會員
共享知識的盛宴，成長的喜悅

請寄回這張回函卡（免貼郵票），
您就成爲心靈工坊的書香家族會員，您將可以——

⊙隨時收到新書出版和活動訊息

⊙獲得各項回饋和優惠方案